Matteo Sihorsch

Trends im Cloud Computing

Wie sich mit Competitive Intelligence Prognosen zur Zukunft der Cloud stellen lassen

Bibliografische Information der Deutschen Nationalbibliothek:

Die Deutsche Nationalbibliothek verzeichnet diese Publikation in der Deutschen Nationalbibliografie; detaillierte bibliografische Daten sind im Internet über http://dnb.dnb.de abrufbar.

Impressum:

Copyright © Studylab 2021

Ein Imprint der GRIN Publishing GmbH, München

Druck und Bindung: Books on Demand GmbH, Norderstedt, Germany

Coverbild: GRIN Publishing GmbH | Freepik.com | Flaticon.com | ei8htz

Inhaltsverzeichnis

Abbildungsverzeichnis IV

Abkürzungsverzeichnis V

1 Gegenstand der Arbeit 1

    1.1 Einleitung 1

    1.2 Fragestellung 1

    1.3 Vorgehensweise 2

2 Theoretische Grundlagen 3

    2.1 Competitive Intelligence 3

    2.2 Cloud Computing 11

    2.3 Innovation 18

3 Analyse von Cloud Computing 23

    3.1 Marktentwicklung und Auswirkungen auf IKT-Branche 23

    3.2 Zielmärkte und Kundenanforderungen 29

    3.3 Überblick und Strategie der Provider 35

4 Cloud Computing in der Zukunft 42

    4.1 Zukünftige Marktentwicklung 42

    4.2 Cloud der Zukunft 43

5 Fazit 48

Literaturverzeichnis 50

Anhang 58

Abbildungsverzeichnis

Abbildung 1 Abgrenzung der Wettbewerbsaktivitäten 4

Abbildung 2 Intelligence Cycle mit Verteilung der Ressourcen 7

Abbildung 3 Service- und Bereitstellungsmodelle von Cloud Computing im Überblick .. 13

Abbildung 4 Vergleich der Charakteristika einer disruptiven Innovation mit Cloud Computing (SaaS) 22

Abbildung 5 Weltweite Ausgaben für Public Cloud 2010-2017 24

Abbildung 6 Weltweite Cloud-Computing-Ausgaben in 2014 und 2019 nach Regionen in Milliarden US-Dollar 24

Abbildung 7 Geschäftsmodell-Morphologie im Bereich Cloud Computing 29

Abbildung 8 Einsatz von Cloud Computing in deutschen Unternehmen nach Branche ... 30

Abbildung 9 Nutzungsbereiche von Cloud Computing in Unternehmen (eigene Darstellung in Anlehnung an PAC 2017) 32

Abbildung 10 Verwendung von Cloud-Computing-Betriebsmodellen in IT-Abteilungen 34

Abbildung 11 Anbieter Cloud-basierter IT-Dienstleistungen nach weltweiten Marktanteilen im 1. Quartal 2018 36

Abbildung 12 SWOT Analyse AWS 37

Abbildung 13 SWOT-Analyse Microsoft 38

Abbildung 14 SWOT-Analyse IBM 39

Abbildung 15 Investitionsbereiche der Anbieter nach Anzahl der Anbieter in % 41

Abbildung 16 Hype-Cycle Cloud Computing 44

Abkürzungsverzeichnis

BI	Business Intelligence
BSI	Bundesamt für Informationstechnik
CaaS	Container-as-a-Service
CI	Competitive Intelligence
CIA	Central Intelligence Agency
CRM	Customer Relationship Management
DICaaS	Data-Intensive-Computing-as-a-Service
DSGVO	Datenschutz Grundverordnung
EE	Execution Environment
ERP	Enterprise Resource Planning
IaaS	Infrastructure-as-a-Service
IKT	Informations- und Kommunikationstechnologie
IoT	Internet of Things
IT	Informationstechnologie
K8s	Kubernetes
KI	Künstliche Intelligenz
KMU	Kleine und mittlere Unternehmen
NIST	National Institute of Technology
PaaS	Platform-as-a-Service
PE	Programming Environment
PRS	Physical Resource Set
SaaS	Software-as-a-Service
SCIP	Strategic and Competitive Intelligence Professionals
SLA	Service Level Agreements
SRM	Supply Resource Management
VRS	Virtual Resource Set
WWW	World Wide Web

1 Gegenstand der Arbeit

1.1 Einleitung

Die Zeit des klassischen IT-Outsourcing neigt sich dem Ende zu. Der Aufstieg von Cloud Computing hat zu einem fundamentalen Wandel innerhalb der Informations- und Kommunikationsbranche geführt und stellt ein neues Paradigma für die Verwaltung und Bereitstellung von Services über das Internet dar. Es sind die Flexibilität, Elastizität, Skalierbarkeit und Messbarkeit der Technologie, die Cloud Computing auszeichnen und für Unternehmen in Zeiten der wirtschaftlichen Globalisierung und zunehmender Konkurrenz innerhalb der Märkte unverzichtbar machen. Bereits heute beziffert sich der weltweite Umsatz auf etwa 36,861 Milliarden US-Dollar in Cloud Computing, sodass es das am stärksten wachsende Segment der IKT-Branche darstellt, Tendenz in den kommenden Jahren deutlich steigend. Auf Grund des daraus resultierenden Ertragspotentials für Unternehmen ist der Cloud-Computing-Markt von einem enormen Wettbewerb geprägt. Neben IT-Giganten wie IBM, Microsoft, AWS, Google und Alibaba, die um die Marktführerschaft kämpfen, findet man auch eine Vielzahl kleinerer Unternehmen wieder, welche eine Nischenstrategie verfolgen und geringe Marktanteile vorweisen.

Um in einem solchen Markt wie dem des Cloud Computing wettbewerbsfähig zu bleiben, ist es aus Sicht der Marktakteure essenziell, anhand externer Daten, das wirtschaftliche Umfeld, die Wettbewerber und die eigene Organisation zu analysieren. Man nennt diesen Prozess der Wissensgenerierung auch Competitive Intelligence. Die gewonnenen Erkenntnisse bzw. identifizierten Markttrends fließen mit in den operativen und strategischen Entscheidungsprozess ein und haben somit einen wesentlichen Einfluss auf die zukünftige Produktentwicklung.

1.2 Fragestellung

Das Ziel dieser Arbeit besteht in der Identifikation von Trends des Cloud-Computing-Marktes sowie der Präferenzen der Cloud-Nutzer, um auf Basis einer Competitive Intelligence zukünftige Handlungsoptionen der IT-Anbieter in Bezug auf die weitere Produktentwicklung ableiten zu können.

1.3 Vorgehensweise

Zu Beginn dieser Arbeit findet eine Einführung in das Thema Competitive Intelligence (CI) statt. Neben der Definition von CI werden die Ziele, die Aufgaben und der Prozessablauf erläutert. Der nächste Schritt widmet sich der Definition von Cloud Computing sowie der Vorstellung der verschiedenen Bereitstellungs- und Servicemodelle. Dies ermöglicht die Einordnung der Technologie nach Innovationsart, nachdem die Begrifflichkeit der Innovation erklärt wurde. Im dritten Kapitel erfolgt die Analyse des Cloud Computing nach der Methodik der Competitive Intelligence, bei der der Fokus auf die Marktentwicklung, die Zielmärkte und Kundenanforderungen sowie die Provider gerichtet ist. Das letzte Kapitel fasst die gewonnenen Informationen zusammen. Dabei werden zu Beginn Prognosen zur zukünftigen Entwicklung des Cloud-Computing-Marktes und anschließend zu der Cloud der Zukunft abgegeben.

2 Theoretische Grundlagen

2.1 Competitive Intelligence

2.1.1 Definition und Abgrenzung

Die Begrifflichkeit Intelligence, übersetzt „Aufklärung", ist seit jeher allgegenwärtig. Bereits 500 Jahre v. Chr. war den damaligen Kriegsherren die Nützlichkeit von Informationen, der eigenen Stärken und Schwächen sowie der des Feindes, bekannt. Auf Basis dieser war es möglich, eine geeignete Strategie zu eruieren und infolgedessen den eigenen Truppen einen Vorteil zu generieren.[1] Analog zu der damaligen Zeit sind heutige Marktakteure durch den immensen Konkurrenzkampf auf Informationen über gegenwärtige und zukünftige Märkte, Wettbewerber, Kunden und Technologien angewiesen, um effiziente Strategieentscheidungen treffen zu können. Wird dieser Begriff um das Wort competitive (deutsch: „kompetitiv") ergänzt, der die wettbewerbsbezogene Orientierung einer Tätigkeit charakterisiert, erkennt man, dass es sich um eine Aufklärung im wirtschaftlichen Kontext handelt.[2] Trotz des frühen etymologischen Ursprungs und der aktuellen Verwendung der Bezeichnung Competitive Intelligence (CI) hat sich seitdem keine einheitlich gültige Definition in Deutschland gebildet. In der Regel wird CI mit „Wettbewerbsanalyse", „Konkurrenzanalyse" oder „Wettbewerbsbeobachtung" übersetzt.[3]

Dessen ungeachtet existiert eine Institution namens *Strategic and Competitive Intelligence Professionals (SCIP)*, welche eine essenzielle Rolle für die Existenz, Verbreitung und Weiterentwicklung von CI in Unternehmen sowie der Wissenschaft spielt. Es handelt sich dabei um eine gemeinnützige Organisation, die 1986 von Rainer Michaeli in den USA gegründet wurde. Weltweit gehören rund 3.500 Mitglieder, darunter Wirtschaftsexperten, Wissenschaftler und Politiker, zu der Organisation.[4] Im Sinne der SCIP wird CI wie folgt definiert:

---

[1] Vgl. James Clavel 2006, S. 77
[2] Vgl. Michaeli, 2006, S. 3
[3] Vgl. Kunze 2000, S. 107 ff.; Lux/Peske 2002, S. 45 f.
[4] Vgl. Freibichler, 2006 S. 8 f.; Micheli, 2006; Romppel, 2006 S. 39 ff.; SCIP 2018

Competitive Intelligence ist der Prozess ethisch einwandfreier Sammlung, Analyse und Verteilung von korrektem, relevantem, spezifischem, rechtzeitigem, zukunftsgerichtetem und handlungsorientiertem Wissen über das wirtschaftliche Umfeld, über die Wettbewerber und über die eigene Organisation".[5]

Demnach ist CI als Wettbewerbs- bzw. Konkurrenzanalyse zu deuten. Diese Definition soll als Grundlage für die vorliegende Arbeit gelten.

Um ein Verständnis über die Systematik der Competitive Intelligence zu erhalten, ist eine Differenzierung zu alternativen in der Wirtschaft genutzten Konzepten im Wettbewerbsvergleich notwendig. Häufig werden die Bezeichnungen Competitive Intelligence, Competitor Intelligence sowie Business Intelligence (BI) synonym verwendet, obwohl sich diese umweltanalytischen Methoden in unterschiedliche Teilsegmente eines Objektbereiches klassifizieren lassen.[6] Abbildung 1 zeigt nach dem Bottom-up-Prinzip eine Abgrenzung der verschiedenen Wettbewerbsaktivitäten.[7]

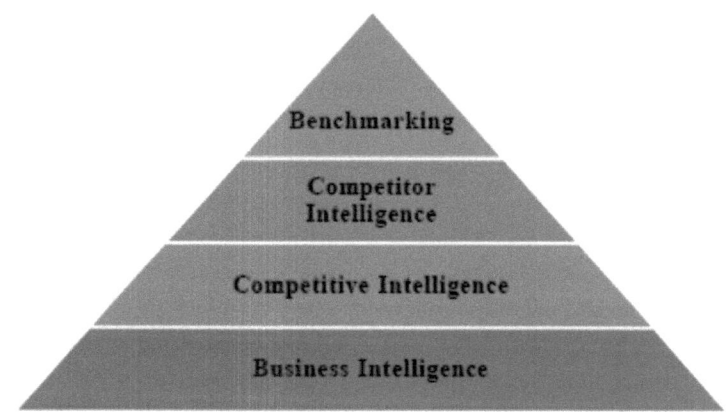

Abbildung 1 Abgrenzung der Wettbewerbsaktivitäten[8]

---

[5] Vgl. Romppel, 2006, S. 42
[6] Vgl. Kunze 2000 S. 110; Pfaff 2005, S. 27
[7] Vgl. Pfaff 2005, S. 27 f.
[8] Eigene Darstellung in Anlehnung an Pfaff 2005, S. 28

- Der Oberbegriff **Business Intelligence** (BI) wurde 1989 von *Howard Dresner* (Gartner Group) dazu verwendet, um die Analyse und Konzen-tration einer hohen Anzahl von Informationen zu nutzbarem Wissen zu verwenden. Demnach handelt es sich um eine IT-gestützte und uneingeschränkte Analyse der generellen Unternehmensumwelt mit einem umfänglichen Analysebereich sowie zugleich schwacher Präzisierung des Untersuchungsgegenstandes.

- Die dritte Ebene, vulgo **Competitor Intelligence**, kann unter CI subsumiert werden, da es sich ausnahmslos auf die Agglomeration von Wissen über einzelne relevante Wettbewerber fokussiert.

- Das **Benchmarking** (BM) wird als „Streben zum Besten" betitelt und kann als Subaktivität der Competitor Intelligence betrachtet werden. Es handelt sich dabei um ein adäquates Verfahren, um Defizitbereiche des eigenen Unternehmens mit der Konfiguration des in diesem Unternehmenssegment führenden Unternehmens zu vergleichen und im Folgeschluss zu optimieren.

2.1.2 Zielsetzung und Prozessablauf

Die Motive bzw. Zielsetzungen der CI betreibenden Unternehmen ist, wie oben bereits erwähnt, das Eruieren effektiver Entscheidungen und Strategien, um Vorteile gegenüber anderen Wettbewerbern zu generieren. Dementsprechend bildet CI die Basis für eine marktorientierte sowie strategische Unternehmensführung, die zur Risikoreduzierung und Absicherung der eigenen Vorhaben dient.[9] Darüber hinaus erhält das anwendende Unternehmen Wissen zu den Stärken und Schwächen der Wettbewerber sowie eine Übersicht der ausgewählten Märkte. Auf Basis der neu gewonnenen Informationen sollen Handlungsoptionen evaluiert werden, welche höheren Zielen, nämlich denen der Gewinnmaximierung sowie der Ausdehnung der Marktanteile, dienen.[10] Somit können CI drei Hauptfunktionen zugeteilt werden:[11]

---

[9] Vgl. Lux 2002, S. 47 ff.; Pfaff, 2005 S. 29; Knack 2006, S. 91
[10] Vgl. Pfaff, 2005 S. 29 ff.
[11] Vgl. Michaeli, 2006, S. 3

I   Erkennung und das Scannen des Wettbewerbsumfelds

II Unterstützung des Managements bei operativen und strategischen Entscheidungen

III Planung und Frühaufklärung von Chancen und Risiken innerhalb eines Entscheidungsprozesse

Um dies zu erreichen, wird eine legale und ethisch-moralisch einwandfreie Sammlung und Analyse von Unternehmensdaten betrieben.[12] Dieser Prozess wird in der Literatur auch als Intelligence Cycle bezeichnet, dessen Methodik auf der der *Central Intelligence Agency* (CIA) basiert und wie folgt definiert wird: „*the analytical process that transforms disaggregated competitor data into relevant, accurate, and usable strategy knowledge about competitiors' position, performance, capabilities and intentions*".[13]

Der Intelligence Cycle besteht aus fünf Phasen, zu denen die Projektplanung (englisch: „Planning and Direction"), die Datenerhebung (englisch; „Collection"), die Datenverarbeitung (englisch: „Processing"), die Analyse und Interpretation (englisch: „Analysis and Production") sowie die Präsentation der Ergebnisse (Dissemination) gehören. In Abbildung 3 werden die verschiedenen Schritte des Intelligence Cycles sowie die empfohlene Verteilung des zeitlichen Aufwands dargestellt.

---

[12] Vgl. Pfaff 2005, S. 50 f.; SCIP
[13] Vgl. Freibichler 2006, S. 61 ff.

Theoretische Grundlagen

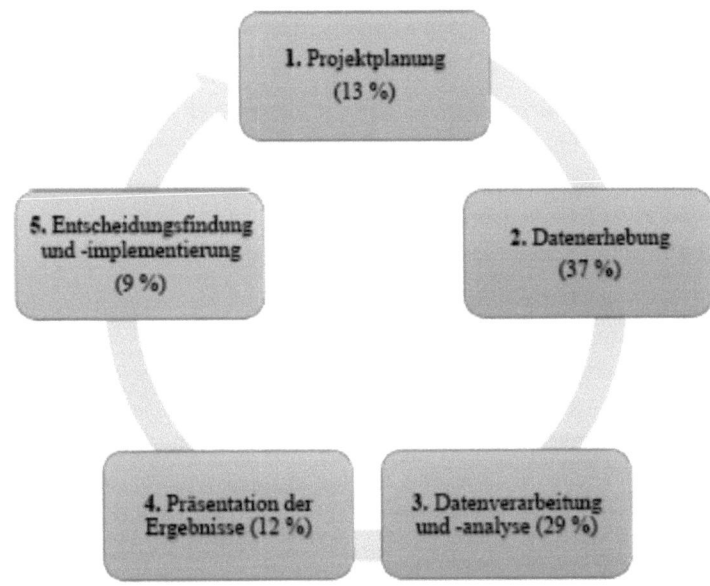

Abbildung 2 Intelligence Cycle mit Verteilung der Ressourcen[14]

Die **Projektplanung** beinhaltet die Identifikation der Informationen, die Bestimmung der Vorgehensweise im Prozessverlauf sowie die anschließende Wissensgenerierung als Arbeitsschritte. Somit bedarf es im Vorfeld der Durchführung eines Competitive-Intelligence-Projektes einer spezifischen Definition des Informationsbedarfs durch Entscheidungsträger und Nutzer der Resultate.[15] Die Forschungsthemen, welche auch Key Intelligence Topics genannt werden, dienen zur Erarbeitung der Schlüsselfragen, die auch unter dem Namen Key Intelligence Questions bekannt sind.[16] Auf deren Grundlage muss festgelegt werden, auf welche Art und Weise die Datenerhebung stattfinden soll und welche Informationen dem Unternehmen bereits zur Verfügung stehen. Zusätzlich zu der Priorisierung und Eingrenzung des Informationsbedarfs müssen die Berichtsart und die Projektziele manifestiert werden. Bei der Bestimmung der Vorgehensweise bedarf es einer Auswahl von Methoden zur Aufbereitung und Analyse der Informationen sowie einer

---

[14] eigene Darstellung in Anlehnung an Pfaff 2005, S. 44
[15] Vgl. Kunze 2000, S 76 ff.; Murphy 2005, S. 20
[16] Vgl. Michaeli 2006, S. 140

Kalkulation der benötigten zeitlichen und finanziellen Ressourcen zur Durchführung des Projektes.[17]

Eine realistische Darstellung und Konkretisierung der Anforderungen an die Datenerhebung ist unumgänglich, da nur so die Notwendigkeit einer frühzeitigen Beendigung des Vorhabens erfolgen kann und folglich Ressourcen nicht vergebens verbraucht werden. Daher ist es ratsam, einen strukturierten Ablaufplan zu erarbeiten und diesen bei Bedarf an neue Begebenheiten anzupassen.[18]

Der Prozess der **Datenerhebung** ist einer der Schlüsselfaktoren für eine erfolgreiche Durchführung eines Competitive-Intelligence-Projektes, da es den Generierungsprozess von Informationen durch die Nutzung diverser Quellen festlegt.[19] Somit hat dieser Arbeitsschritt einen großen Einfluss auf die Zeiteinhaltung, die Qualität sowie die Akzentuierung der gewonnenen Auskünfte.[20] Innerhalb dieses Vorgangs teilt man die zur Verfügung stehenden Quellen nach zwei Ebenen auf. Zum einen wird zwischen unternehmensinternen und -externen Quellen und zum anderen innerhalb dieser Klassen zwischen Primär- und Sekundärquellen unterschieden.[21] Bei Sekundärquellen spricht man von Informationen, die aus bereits vorhandenem Datenmaterial entnommen werden. Dabei können die Informationen zu einem ähnlichen oder anderen Zweck sowie fremd- oder selbsterhoben worden sein. In jedem Fall erfolgt eine progressive, themenbasierte Erfassung, Analyse und Auswertung der Informationen.[22] In der Regel reicht vorhandenes Wissen aus, um eine Lösung für eine Problemstellung zu finden, sodass zusätzlich Primärforschung betrieben werden muss. Primärquellen sind exklusive Informationen, welche bewusst für ein spezifisches Problem erhoben wurden.[23] Man unterscheidet bei den Erwerbsmethoden zwischen quantitativen (Befragungen, Telefonumfragen, Produkttests et cetera) und qualitativen Faktoren (Experteninterviews, Workshops, Gruppendiskussionen et cetera).[24]

---

[17] Vgl. Kunze 2000, S. 78; Pfaff 2005, S. 74 f.
[18] Vgl. Michaeli 2006, S. 75
[19] Vgl. Lux 2005, S. 78
[20] Vgl. Blenkhorn 2002, S. 138
[21] Vgl. Lux 2002, S. 79 f.
[22] Vgl. Pepel, 2007, S. 916
[23] Vgl. Broda, 2006, S. 103 ff.
[24] Vgl. Pfaff 2005, S. 50 ff.

Um eine komplette Informationsgrundlage zu schaffen, kommen bei einer Untersuchung sowohl Primär- als auch Sekundärquellen zum Einsatz. Darüber hinaus sollen nach *Michaeli* bereits in diesem Prozessschritt die eingehenden Informationen kontinuierlich auf ihre Validität geprüft werden. Dies ermöglicht, dass neu gewonnene Erkenntnisse sowie Widersprüche thematisiert und in der Erhebung berücksichtigt werden können. Sollte keine ausreichende Informationsgrundlage geschaffen werden können, bedarf es einer Neujustierung der Ziele bzw. der Aufgabenstellungen. Andernfalls kann zur nächsten Phase, der Datenverarbeitung und -analyse, übergegangen werden.[25]

Die **Datenverarbeitung und -analyse** kann als Herzstück des Intelligence Cycle gesehen werden, da sie sich mit der Wissensgenerierung befasst, die die Basis für zukünftige Unternehmensentscheidungen und die weiteren Prozessschritte bildet. Zur Analyse können eine Vielzahl von Methoden herangezogen werden, die in Abbildung 4 nach Bekanntheit, Nutzungsintensität und Effektivität abgegrenzt sind.[26]

Eine Analyse besteht aus der Untersuchung, Bewertung sowie Beschreibung der auserwählten Daten und verfolgt das Ziel, Informationen aus dem Gesamtkontext zu gewinnen. Folgerichtig wird durch eine Untersuchung versucht, Verhaltensweisen/-muster der anderen Wettbewerber zu erkennen und somit zukünftige Handlungen zu prognostizieren. Die Herausforderung besteht darin, die geeignetsten Analysemethoden aus dem verfügbaren Pool zu bestimmen, sodass eine Effizienzprüfung durchgeführt werden muss und bei fehlender Eignung andere Methoden ausgewählt werden müssen.[27]

Nach *Michaeli* sind folgende Punkte die Hauptaufgaben der Phase Datenverarbeitung und -analyse:[28]

- Kreation der erforderlichen Analyse zur Beantwortung der zuvor definierten Fragestellungen
- Identifikationen neuer Themen und Fragestellungen
- Interpretation der Untersuchung

---

[25] Vgl. Michaeli 2006, S. 138
[26] Vgl. Michaeli 2006, S. 140
[27] Vgl. Pfaff 2005, S. 77 ff.
[28] Vgl. Michaeli 2006, S. 153 f.

- Dokumentation der genutzten Verfahren sowie Annahmen
- Darstellung der durchgeführten Analysen
- Berichterstattung über die Erfahrungen beim Einsatz der genutzten Verfahren

Die **Präsentation der Ergebnisse** bildet die letzte Phase, bei der die Resultate der Untersuchung dem CI-Nutzer sowie den Entscheidungsträgern vorgestellt werden. Demzufolge sind die Hauptaufgaben dieser Phase:[29]

- Erstellung eines Analyseberichts passend zu den Bedürfnissen
- Bekanntmachung der Analyseergebnisse
- Erörterung/Berücksichtigung von Fragen und Rückmeldungen
- Dokumentation und Archivierung der Berichte

Wie man sieht, ist sind Kommunikation und die Berichterstattung vor und während der Durchführung des Intelligence Cycle von großer Bedeutung. Insbesondere bei einer erstmaligen Durchführung von CI im Unternehmen sollten die Resultate mit Führungskräften und den operativ tätigen Mitarbeitern kommuniziert sowie debattiert werden. Jedoch muss die Wissensweitergabe stets kontrolliert erfolgen, da nur so das Risiko eines Informationsverlustes reduziert werden kann. Folglich muss eine Abstimmung, je nach Empfänger der übermittelten Informationen, erfolgen. Die Berichterstattung bzw. Weitergabe der Ergebnisse kann mittels unterschiedlicher Arten (Berichte, Persönliche Konversationen, Präsentationen, E-Mail, Datenbanken, Newsletter und Workshops) erfolgen.[30]

Am Ende eines Competitive-Intelligence-Projektes findet immer die Präsentation der Ergebnisse statt. Nichtsdestotrotz sollten neue relevante Informationen permanent berücksichtigt werden. Dies bedeutet keine erneute Durchführung des gesamten Prozesses, sondern eine fortlaufende Recherche mit Verarbeitung der neuen Informationen, die zu einer neuen Entscheidungsfindung führen können.[31]

---

[29] Vgl. Michaeli 2006, S. 154 ff.; Lux 2002, S. 81
[30] Vgl. Pfaff 2005, S. 100 ff.
[31] Vgl. Sharp 2009, S. 54

2.2 Cloud Computing

2.2.1 Definition und Abgrenzung

Die Bezeichnung Cloud Computing ist in der heutigen Zeit omnipräsent und beschreibt einen neuen und zugleich disruptiven IT-Ansatz, der eine Lösung für jegliche Kapazitäts- und Leistungsprobleme darstellt. Erstmals ins Leben gerufen wurde dieser Begriff von Ramnath K. Chellappa, einem Professor der Informationstechnologie der Goizueta Business School, welcher ihn auf einer Konferenz in Dallas nutzte.[32] Er legte damit den Grundstein für eines der aktuell meistdiskutierten IT-Themen, das sogenannte „Rechnen in der Wolke". Dabei begann die Evolution des Cloud Computing bereits vor mehreren Jahrhunderten, in Form der ersten Rechenmaschine, die nach dem Prinzip des Abakus funktionierte. Auf Basis dieser konnte im 20. Jahrhundert der Grundstein für den modernen Computer gelegt werden, der bis heute durch zahlreiche Innovationen in Bezug auf Leistungsfähigkeit sowie Miniaturisierung weiterentwickelt wurde und die Grundlage für die Entwicklung mobiler Geräte bildet.[33] Ein weiterer essenzieller Baustein auf dem Weg zum Cloud Computing war die Entwicklung des Internets. Ursprung dieser Technologie ist das sogenannte APRAnet, ein Netzwerk, das von dem US-Verteidigungsministerium als Kommunikationssystem genutzt wurde und weltweit durch die Erfindung des World Wide Web (WWW) an Popularität gewann.[34] Durch die Erhöhung der Bandbreiten und Entwicklung innovativer Programmiersprachen (AJAX, Java, PHP) konnten neue Bereitstellungskonzepte für Hardwareressourcen und Software realisiert werden. Folglich entstand Cloud Computing aus der Entwicklung des Computers und des Internets, welche ein gemeinsames Konzept für die Implementierung von Hardware und Software ermöglichte.[35]

In der Literatur gibt es eine Vielzahl an Definitionen, die jedoch nur einzelne Aspekte des Cloud Computing aufgreifen. Untersucht man die verschiedenen Ausführungen auf Gemeinsamkeiten, ergibt sich ein kohärentes Bild, welches sich in der Definition des National Institutes of Technology (NIST) wiederfindet: *„Cloud Computing is a model for enabling ubiquitous, convenient, on-demand network access to a shared pool of configurable computing resources (e.g., networks, servers, storage, applications and services) that can be rapidly provisioned and released with minimal*

---

[32] Vgl. Chellappa 1997
[33] Vgl. Freytag-Lörringhof 2002; Rojas 1997, S. 5 ff.; Goldstine 1946, S. 97 ff.
[34] Vgl. Freiberger 2000, S. 206 ff.
[35] Vgl. Finch 2006; Benett 2000, S. 214 ff.; Foster 2003

management effort or service provider interaction. This cloud model is composed of five essential characteristics, three service models, and four deployment models."[36]

Infolgedessen besitzt das beschriebene Cloud-Modell fünf wesentliche Charakteristika, welche im Folgenden übersetzt und komprimiert definiert werden:[37]

- **Diensterbringung gemäß Anforderung**: Der Anwender ist dazu in der Lage, selbstständig automatisierte Dienste sowie Ressourcen an Speicherplatz, Rechenzeit, Arbeitsspeicher oder Netzwerkbandbreite anzufordern. Somit ist kein manueller Eingriff des Anbieters notwendig.

- **Netzwerkbasierter Zugang**: Das Angebot und die Nutzung des Cloud-Angebots erfolgen netzwerkbasiert unter dem Einsatz von Standardtechnologien.

- **Ressourcen-Pooling**: Die Ressourcen werden in Pools zusammengefasst und können bedarfsgerecht bereitgestellt werden, was eine parallele und dynamische Zuteilung ermöglicht.

- **Schnelle Elastizität**: Es existiert eine dynamische Bereitstellung von Diensten und Ressourcen, die kurzfristig nach Bedarf des Anwenders angepasst werden können. Dabei erscheinen die Ressourcen des Anbieters für den Anwender häufig als unerschöpflich.

- **Messbare Dienstqualität**: Um die Ressourcennutzung überwachen und messen zu können, besitzen die Cloud-Systeme Mess- und Monitoring-Funktionen, welche zusätzlich eine Optimierung der Ressourcennutzung ermöglichen.

Neben den bereits erläuterten Merkmalen des Cloud Computing existieren laut der Definition drei Dienstklassen, namens Infrastructure-as-a-Service (IaaS), Platform-as-a-Service (PaaS) und Software-as-a-Service (SaaS) sowie vier verschiedene Cloud-Betriebsmodelle (Private-, Public-, Hybrid- und Community Clouds), die in den Kapiteln 3.2 und 3.3 umfangreich erklärt und in Abbildung 3 grafisch veranschaulicht werden.

---

[36] Vgl. Mell 2011, S. 1 f.
[37] Vgl. Weinhardt 2009, S. 453 ff.

Theoretische Grundlagen

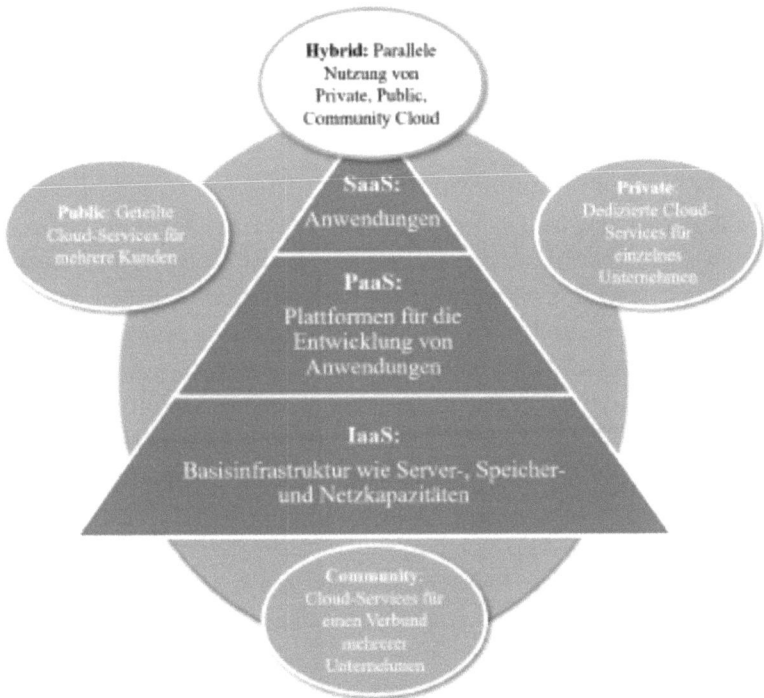

Abbildung 3 Service- und Bereitstellungsmodelle von Cloud Computing im Überblick[38]

Nachdem Cloud Computing grundlegend definiert wurde, soll im nächsten Schritt eine Differenzierung mithilfe der Begriffe IT-Outsourcing und Grid Computing erfolgen.

2.2.1.1 Grid Computing vs. Cloud Computing:

Sowohl Grid Computing als auch Cloud Computing ermöglichen eine ortsunabhängige Nutzung der verteilten Rechenressourcen mittels eines Netzwerks. Im Falle des Grid Computing existiert eine dezentrale Kontrollinstanz, die häufig bei umfangreichen Untersuchungen in der genomischen Medizin zum Einsatz kommt.[39] Beim Cloud Computing hingegen ist die Kontrollinstanz zentral organisiert.[40] Somit lässt sich als Hauptunterscheidung erkennen, dass Cloud-Anwendungen zumeist

---

[38] Eigene Darstellung in Anlehnung an Telekom & PAC 2012, S. 12
[39] Vgl. Kunze 2008, S. 12 f.; Sax 2007 S. 61
[40] Vgl. Kunze 2008, S. 15; Weinhardt 2009 S. 4 ff.

Theoretische Grundlagen

durch Unternehmen im ökonomischen Interesse entwickelt werden und Grid Computing hauptsächlich in wissenschaftlichen Bereichen eingesetzt wird.[41] Folglich gibt es durch die abweichenden Nutzungsbereiche auch Differenzen in Hinblick auf die Usability, das Geschäftsmodell und die Verbindungsstellen der Benutzer.

2.2.1.2 IT-Outsourcing vs. Cloud Computing:

Das IT-Outsourcing wird in der Wirtschaft als Vorreiter des Cloud Computing angesehen, da es die Entwicklung des On-Premise-Modells hin zum On-Demand-Modell angestoßen hat. Demnach handelt es sich bei Cloud Computing um eine hochentwickelte Form des IT-Outsourcing. Die Unterschiede zum klassischen IT-Outsourcing liegen neben dem unterschiedlichen Bereitstellungsmodell im Preismodell (Langzeitverträge vs. Pay-per-use), im Geschäftsmodell (One-Stop Provision vs. Schichtenmodell), in den zur Verfügung gestellten Ressourcen (physisch vs. Virtuell) und in dem Wertschöpfungsprozess (Wertschöpfungskette vs. Wertschöpfungsnetzwerk).[42] Dies spiegelt sich auch in einer Veröffentlichung der *Fraunhofer-Allianz* zum Thema Cloud Computing wider, in der es heißt: „Was Cloud Computing von bisherigen Outsourcing-Modellen unterscheidet, ist die elastische Skalierung der Ressourcen und Dienste sowie die Abrechnung auf Basis der tatsächlichen Nutzung."[43]

2.2.2 Betriebsmodelle

Aus dem Sichtfeld einer Organisation kann aktuell zwischen Private, Public, Hybrid, Multi und Community Clouds differenziert werden. Jedes dieser Betriebsmodelle besitzt besondere Spezifikationen, die sich an den Anforderungen der Nutzer orientieren.

Bei der Verwendung einer **Public Cloud** teilen sich mehrere Nutzer dieselbe Infrastruktur bzw. physischen Ressourcen. Sie ist damit für einen beliebigen Kundenkreis erreichbar und richtet sich an die Öffentlichkeit als potentiellen Anwender. Folglich gibt es keine physische, sondern lediglich eine virtuelle Trennung der Aktionsräume der Verbraucher unterschiedlicher Organisationen.[44] Die Abrechnung erfolgt zumeist auf Subskriptionsbasis oder nach den tatsächlich genutzten

---

[41] Vgl. Foster 2008, S. 12
[42] Vgl. Böhm 2009, S. 9 f.; Buyya 2008, S. 4
[43] Vgl. Fraunhofer-Allianz 2011
[44] Vgl. Hilber 2014, 1A, Rn 16; Bedner 2013, S. 33

Ressourcen innerhalb eines bestimmten Zeitraums.[45] Aufgrund der Begrenzung auf die physischen Ressourcen der Infrastruktur und der dynamischen Verteilung der Leistung an alle Nutzer spielen sogenannte Service-Level-Agreements (SLAs) eine zentrale Rolle. Man spricht hierbei von einer festgelegten Mindesterreichbarkeit, da der Service-Anbieter sowohl für die physischen Kapazitäten als auch für die Ressourcensteuerung keine Garantie ausspricht. Somit eignet sich die Public Cloud nur bedingt für den Betrieb von sicherheitskritischen oder unternehmenswichtigen Applikationen.[46]

Im Gegensatz zur Public Cloud befindet sich eine **Private Cloud** ausschließlich im Kontrollbereich einer Organisationseinheit.[47] Die physische Hardware steht dem Nutzer exklusiv zur Verfügung, sodass lediglich vorab definierte Personen Kontrolle über den Zugriff auf die IT-Infrastruktur besitzen. Darüber hinaus existieren zwei unterschiedliche Nutzungsmodelle. Bei dem On-Premise-Modell werden die Infrastruktur sowie alle Services lokal durch die hauseigene IT betrieben, während bei einem Off-Premise-Modell der Betrieb dem Aufgabenbereich eines externen Anbieters unterliegt.[48] Letzteres wird auch Private Hosted Cloud genannt, welche insbesondere in Branchen mit regulatorischen Vorschriften zum Einsatz kommt. Trotz des Ziels der Kosteneinsparung betreiben auch heute viele Nutzer ihre Private-Cloud-Umgebung selbst mit der Folge einer reduzierten Abhängigkeit gegenüber Drittanbietern. Demnach liegt die Schwäche einer Private Cloud in der flexiblen Bereitstellung von Ressourcen und dem damit verbundenen Abfangen von Lastspitzen.[49] In solchen Fällen bedarf es des Konzepts der Hybrid Cloud.

Die **Hybrid Cloud** ist eine Mischform aus Public und Private Cloud. Dabei werden spezielle IT-Services in eine Public Cloud ausgelagert, sodass der Regelbetrieb in der Private Cloud ohne Beeinflussung erfolgen kann.[50] Dies ermöglicht Organisationen, ihre eigene Rechenleistung zu nutzen und bei Bedarf Rechenleistung an einen Cloud-Dienste-Anbieter auszulagern, was in der IT auch als Cloud Bursting bezeichnet wird. Die größte Herausforderung bei der Nutzung einer Hybrid-Cloud-

---

[45] Vgl. Cohen, 2009, S. 29 ff.
[46] Vgl. Reinsheimer 2017, S. 8
[47] Vgl. Brennscheidt 2013 S. 39
[48] Vgl. Hilber 2014, 1C, Rn. 13
[49] Vgl. Reinsheimer 2017, S. 9
[50] Vgl. Baun 2009, S. 6

Umgebung ist die Security- und Service-Integration, sodass zumeist nur unkritische Geschäftsapplikationen auf ihr betrieben werden.[51]

Neben der Hybrid Cloud existieren weitere Mischformen, wie die **Community Cloud**, welche für mehrere Organisationseinheiten zur Verfügung gestellt wird. Trotz alledem ist sie nur an eine regulierte Nutzergruppe adressiert und kann beispielsweise in Form einer branchen- oder regional begrenzten Cloud genutzt werden.[52] Ein Beispiel hierfür ist eine Government Cloud, welche für verschiedene Behörden eines Landes gemeinsam genutzte Dienste zentral liefert.

2.2.3 Cloud Services

Auf Grundlage des allgemeinen Cloud-Computing-Modells lassen sich betriebswirtschaftliche Dienste, auch Cloud Services genannt, ableiten. Im Wesentlichen existieren drei Abstraktionsebenen (s. Kapitel 3.1), die nach den bereitgestellten Ressourcen und deren Abstraktionsgrad differenziert werden. Somit wird sowohl nach Art und Umfang der erbrachten Dienstleistung als auch nach den Anwendungsmöglichkeiten des Nutzers unterschieden.[53] Es findet eine Strukturierung der einzelnen Schichten (Cloud Stacks) nach dem Abstraktionsgrad statt, zu dem Zweck, dass ein höherer Dienst auf einen niedrigeren zurückgreifen kann. Folglich wird sich für die Realisierung eines neuen Dienstes eines bereits existierenden Dienstes bedient.[54]

Infrastructure-as-a-Service: In der Grundform von Cloud Computing wird dem Cloud-Nutzer einzig eine IT-Infrastruktur bereitgestellt. Hierbei wird sich auf die dynamische Zuweisung von IT-Ressourcen (Speicher-, Prozessor- und Netzwerkkapazitäten) sowie Betriebssystemen fokussiert, die dem Nutzer auf Abruf zur Verfügung stehen.[55] Eine solche Infrastruktur verwendet man, wenn klassische Hardware den Anforderungen der Anwendungslandschaft nicht gerecht werden kann. Die IT-Ressourcen werden dabei nicht vom Anwender erworben, sondern vom IT-Dienstleister gemietet, damit die Kosten für den Erwerb von Rechenzentrumsinfrastruktur entfallen.[56] Der Nutzer geht dabei von einer uneingeschränkten Skalierbarkeit der Kapazitäten aus, da die Allokation der Ressourcen dynamisch und

---

51 Vgl. Lissen 2014, S. 37 ff.
52 Vgl. Bräuninger 2012, S. 8 ff.
53 Vgl. Brennscheidt 2013, S. 23 f.; Hilber 2014, S. 24
54 Vgl. Sirtl 2010, S.
55 Vgl. Vaquero 2008, S. 12
56 Vgl. Reinsheimer 2017, S. 10

bedarfsgerecht erfolgt. Zur Sicherung eines getrennten sowie automatisierten Managements sowohl der physischen als auch virtuellen Ressourcen wird zwischen den zwei Service-Ebenen Physical Resource Set (PRS) und Virtual Resource Set (VRS) differenziert. Auf der ersten Ebene (PRS) wird ausschließlich Hardware zur Verfügung gestellt und auf der zweiten Ebene (VRS) werden sogenannte Hypervisor genutzt, die benötigt werden, um virtuelle Instanzen zu betreiben.[57]

Platform-as-a-Service: Bei diesem Service werden primär Dienste wie standardisierte Schnittstellen und Basisplattformen bereitgestellt. Die Plattformdienste stehen dabei im engen Zusammenhang mit Softwarediensten, sind jedoch in erster Linie an System-Architekten und Anwendungsentwickler adressiert anstatt an Endbenutzer. Hierbei wird dem Nutzer keine komplett ausführbare Software offeriert, sondern er erhält Zugang zu sogenannten Programming Environments (PE) und Execution Environments (EE), die die Entwicklung von Software in spezifischen Programmiersprachen ermöglichen.[58] Demzufolge handelt es sich aus rein technischer Sicht um eine Erweiterung von Software-as-a-Service, die ihrem Nutzer mehr Freiheiten gewährleistet. Dieser Service umfasst die gesamte Softwareentwicklung in der Cloud und stärkt infolgedessen das starke Abhängigkeitsverhältnis zu den Anbietern.[59]

Software-as-a-Service: Die höchste Abstraktionsschicht wird als Software-as-a-Service bezeichnet und versorgt den Endanwender mit standardisierten Anwendungen. Mithilfe der Cloud entfällt die lokale Software-Installation, da diese über das Internet vollzogen wird.[60] Aus diesem Grund benötigt der Anwender lediglich einen Internetzugang sowie einen Webbrowser für die Einrichtung der Applikation. Hinzu kommt, dass der Anwender angesichts der fortschrittlichen Technik eine desktopartige Anwendungserfahrung der Software erlebt, die jedoch aufgrund der Multi-Tenant-Architektur und der hohen Bereitstellungsrate eine Einschränkung der Anpassungs- und Integrationsmöglichkeiten mit sich bringt. Die Abrechnung für die Nutzung erfolgt oftmals nach dem „Pay-per-Use" Prinzip, sodass lediglich tatsächlich genutzte Einheiten in Rechnung gestellt werden.

---

[57] Vgl. Vaquero 2008, S. 13
[58] Vgl. Rittinghouse 2010, S. 20
[59] Vgl. Hilber 2014, 1A, Rn. 11; Brennscheidt 2013, S. 33; Jotzo 2014, S. 24; Bedner, 2013, S. 30
[60] Vgl. Youseff 2008, S. 3

Typische Einsatzgebiete der Services im betrieblichen Umfeld sind vor allem Customer-Relationship-Management- (CRM) und Enterprise-Resource-Planning-Softwares (ERP) aufgrund der größtenteils standardisierbaren Funktionen und Prozesse.[61]

2.3 Innovation

2.3.1 Definition

Der Begriff der Innovation lässt sich in drei verschiedene Arten gliedern: in Prozess-, Produkt- und Konzeptinnovationen. Diese stellen einen elementaren Bestandteil auf volkswirtschaftlicher sowie betriebswirtschaftlicher Ebene dar, da sie zur Beibehaltung der Kompetitivität der Unternehmen beitragen sowie eine treibende Kraft für den Wohlstand einer Volkswirtschaft sind.[62] Man spricht von einer erfolgreichen Innovation, wenn die zwei Kernelemente, nämlich die Invention, welche den Prozess der Produktentstehung, also die eigentliche Erfindung bezeichnet, sowie die einhergehende Marktimplementierung, vorliegen. Dabei stellt die erfolgreiche Vermarktung einer Idee den Übergang von Invention zur Innovation dar.[63]

Die wirtschaftliche Bedeutung des Begriffs wurde von dem österreichischen Ökonom *Joseph A. Schumpeter* geprägt, der ihn wie folgt definiert: *„Durchsetzung neuer Kombinationen, die diskontinuierlich auftreten (...) oder tatsächlich auftreten (...),* mit denen Unternehmen aus dem Streben nach Gewinn die *ausgefahrenen Bahnen der statischen Wirtschaft* verlassen."[64] Weiterhin verwendet er in diesem Kontext den Ausdruck der schöpferischen Zerstörung, der die Geburt von etwas Neuartigem aus etwas Bestehendem schildert. Diese paradoxe Fomulierung der schöpferischen Zerstörung beschreibt die Prozesse, die beim Innovieren entstehen. *Schumpeter* definierte den Innovationsprozess daher als fundamentalen Begriff, der das wirtschaftliche Geschehen bestimmt wie folgt:

> „Die Eröffnung neuer, fremder oder einheimischer Märkte und die organisatorische Entwicklung vom Handwerksbetrieb und der Fabrik zu solchen Konzernen wie der U.S.-Steel illustrieren den gleichen Prozess einer industriellen Mutation – wenn ich diesen biologischen Ausdruck

---

[61] Vgl. Reinsheimer 2018, S. 27
[62] Vgl. Ganswindt 2004, S. 13
[63] Vgl. Kaschny 2015, S. 7
[64] Vgl. Andersen E. 2009, S. 100.

verwenden darf -, der unaufhörlich die Wirtschaftsstruktur ‚von innen heraus' revolutioniert, unaufhörlich die alte Struktur zerstört und unaufhörlich eine neue schafft. (...) Dieser Prozess der ‚schöpferischen Zerstörung' ist das für den Kapitalismus wesentliche Faktum. Darin besteht der Kapitalismus und darin muss auch jedes kapitalistische Gebilde leben.[65]

Folglich ist es für Unternehmen unumgänglich, sich mit Innovation auseinanderzusetzen, um ihre Wettbewerbsfähigkeit beizubehalten. Die damit verbundenen finanziellen Risiken sind in der Regel geringer als die Folgeschäden einer ignoranten Haltung.

Wie bereits erwähnt, werden Innovationen aufgrund ihrer Vielfältigkeit anhand der Kriterien des Gegenstandsbereichs, Auslösers, Neuheitsgrads und Veränderungsumfangs in einzelne Arten kategorisiert.[66]

- Die **Produktinnovation** bezeichnet die Entwicklung und Einführung eines neuen Produktes oder einer Produktverbesserung, die neue Möglichkeiten bietet sowie vorhandene auf eine neue Art und Weise erfüllt.[67]
- Eine **Prozessinnovation** behandelt primär die Neugestaltung oder Verbesserung der inner- und außerbetrieblichen Prozesse.[68] Das Ziel ist es, eine optimale Nutzung der eingesetzten Ressourcen zu erreichen, um somit eine Effizienzsteigerung zu erlangen, die zu einer Verringerung der Kosten trotz gleichbleibender Qualität führt.[69]
- Die **Konzeptinnovation** wird in der Literatur häufig synonym zu einer organisatorischen Innovation verwendet, da sie die Restrukturierung einer Organisation auf eine innovative Weise sowie den Aufbau neuer Geschäftsmodelle beschreibt.[70]

Weiterhin differenziert man, ob eine Innovation als disruptiv angesehen wird. Dabei wird vorausgesetzt, dass in zahlreichen Märkten die Nachfrage der Kunden nach zusätzlichen Produktverbesserungen in Hinblick auf die Leistungsfähigkeit

---

[65] Vgl. Joseph A. Schumpeter 1950, S. 83
[66] Vgl. Vahs 2005, S. 72 ff.
[67] Vgl. Trommsdorff 2006, S. 16
[68] Vgl. Domsch 1995, S. 15; Vahs 2005, S. 76
[69] Vgl. Vahs 2005, S. 76.
[70] Vgl. Kaschny 2015, S. 22

langsamer ist als der technologische Fortschritt in der Produktentwicklung. Demzufolge existieren Technologien, die sich noch im Anfangsstadium ihres Entwicklungszyklus befinden und den Kundenanforderungen noch nicht in allen Gesichtspunkten gerecht werden, jedoch bei kontinuierlicher Entwicklung die verwendbaren Leistungen der Kunden überragen.[71]

Nach *Clayton Christensen* ist es möglich, mithilfe innovativer Geschäftsmodellen etablierte Unternehmen auf dem Markt herauszufordern. Dabei unterscheidet er zwischen „sustaining" (deutsch: erhaltende) Innovationen, die die Weitentwicklung bestehender Produkte abbildet, und „disruptiv" Innovationen, welche neue Geschäftsmodelle und Technologien in einem stark ausgereiften Markt widerspiegeln.[72] Aus der Sicht etablierter Unternehmen entstehen sogenannte disruptive Innovationen zumeist in unattraktiven Marktsegmenten, die aufgrund dieses Status nicht energisch genug bearbeitet werden. Hierbei nennt Christensen drei Treiber, die zu dieser Lage führen:[73]

I. Disruptive Technologie oder Produkte ist einfach, günstig und erzeugt nur geringe Margen.

II. Disruptive Technologie oder Produkte findet man vorerst nur in unbedeutsamen Marktsegmenten, die nicht im Fokus der etablierten Unternehmen liegen.

III. Das sogenannte „Innovator's Dilemma" beschreibt den Sachverhalt, dass Unternehmen kein Motiv besitzen, ihren Kunden ein solches Produkt anzubieten, da sie primär nach Innovationen forschen, mit denen hohe Gewinne und Wachstumsraten erzielt werden können. Eine disruptive Innovation birgt dahingehend ein Risiko, dass etablierte Unternehmen diese nicht primär fokussieren.

2.3.2 Einordnung Cloud Computing

An dieser Stelle soll erörtert werden, zu welcher Innovationsart die Technologie des Cloud Computing gehört und inwiefern es den Anforderungen einer disruptiven Innovation entspricht.

---

[71] Vgl. Hungenberg 2006, S. 123
[72] Vgl. Christensen 1995, S. 5 ff.; Hungenberg 2006, S. 124
[73] Vgl. Christensen 1997, S. 5 ff.

"Ultimately, the cloud is the latest example of Schumpeterian creative destruction: creating wealth for those who exploit it; and leading to the demise of those that don't." Nach Joe Weinmann handelt es sich bei Cloud Computing um eine Innovation, da es die Bereitstellung von IT-Infrastrukturen, Plattformen und Software über ein Rechennetz (Internet) ermöglicht.[74] Man spricht im Falle dieser Technologie von einer Produkt- bzw. Dienstleistungsinnovation, da Cloud Computing den virtuellen Vertrieb von IT-Ressourcen ermöglicht, wodurch die ehemalige lokale Versorgung der IT Schritt für Schritt überflüssig wird.[75]

Nachfolgend soll erörtert werden, ob es sich bei Cloud Computing um eine disruptive Innovation handelt. Auf Grund des begrenzten Umfangs dieser Arbeit findet eine Reduzierung auf das Liefermodell SaaS statt. Bei der Betrachtung von *Christensens* Kriterien wird deutlich, dass Cloud Computing eine disruptive Innovation ist. Seit der Markteinführung bis 2011 konnten im Cloud-Computing-Markt nur sehr geringe Margen erzielt werden. Der frühere Marktführer Salesforce vertrieb zum damaligen Zeitpunkt seine Software mit einer Marge von 6 %, während in der Software-Branche durchschnittlich 30 % erwirtschaftet werden.[76] Demzufolge war die frühere Version des Cloud Computing für potenzielle Kunden weniger attraktiv, da der Kauf und eigene Betrieb von Software aufgrund der besseren Ausrichtung zur Abbildung der Unternehmensprozesse sowie weiterer verwendeter Applikationen für große und mittelständische Unternehmen sinnvoller war.[77]

Demnach bietet Cloud Computing einerseits Nachteile in der Erfüllung der Leistungsanforderungen der wirtschaftlich interessantesten Kundengruppen, andererseits jedoch Vorteile im Preismodell sowie Management (s. Kapitel 2.2.3).

	Charakteristika einer disruptiven Innovation[78]	Erfüllungsgrad bei SaaS
Kunden	Profitable Kundengruppen können zu Beginn keine disruptiven Innovationen verwenden Anfängliche Nutzung durch wirtschaftlich uninteressante Kunden	Mehrzahl großer Unternehmen wollten kein SaaS nutzen Zur Markteinführung verwendeten KMUs SaaS

---

74 Vgl. Forbes Media LLC. 2013
75 Vgl. Marston 2011, S: 176 f.
76 Vgl. Koenen 2011
77 Vgl. Benlian 2010, „Software as a Service"; Marston 2011, S. 176 ff.
78 Vgl. Christensen 1997, S. 5 ff.

	Charakteristika einer disruptiven Innovation[78]	Erfüllungsgrad bei SaaS
Markt	Einführung in weniger bedeutungsvollen Märkten	Der KMU Softwaremarkt ist weniger attraktiv als der für Großunternehmen
Produkt & Technologie	Produkte weisen in etablierten Märkten schlechtere Leistungsmerkmale als Vorhandene auf	SaaS bot damals nicht die benötigte Stabilität und Sicherheit SaaS kann den integrativen Ansprüchen der Großunternehmen nicht gerecht werden
Profitabilität	In der Regel geringere Margen als bestehende Produkte	Die frühere Profitabilität gegenüber vergleichbaren Produkten ist gering

Abbildung 4 Vergleich der Charakteristika einer disruptiven Innovation mit Cloud Computing (SaaS)

3 Analyse von Cloud Computing

Nachdem die Termini Competitive Intelligence und Cloud Computing definiert und deren Relevanz für diese Arbeit herausgestellt wurden, ist es Ziel dieses Kapitels, die Methodik der CI auf das Gebiet Cloud Computing anzuwenden. An dieser Stelle findet eine Untergliederung in die drei Themenbereiche Marktentwicklung und Auswirkungen auf die Informations- und Kommunikationstechnologie-Branche (IKT), Zielmärkte und Kundenanforderungen sowie Überblick und Strategie der Provider statt. Ersteres befasst sich mit der Entwicklung des Cloud-Computing-Marktes seit der Markteinführung bis heute, der Identifizierung der Markttreiber und -hemmnisse und den Auswirkungen auf das Geschäftsmodell der IT-Anbieter. Im zweiten Teil werden heutige geschäftliche Cloud-Nutzer profiliert, deren Nutzungs- und Einsatzbereiche für Cloud-Services aufgezeigt sowie Anforderungen an die Cloud-Anbieter illustriert. Abschließend erfolgt eine Darstellung der verschiedenen Anbietertypen sowie deren aktueller Strategie und Investitionsbereiche. Zudem werden die marktführenden Unternehmen AWS, Microsoft und IBM mittels einer SWOT-Analyse analysiert.

3.1 Marktentwicklung und Auswirkungen auf IKT-Branche

Auf Grund der nicht vorhandenen Marktdaten des Private-Cloud-Marktes bezieht sich die nachfolgende Beschreibung lediglich auf die Marktentwicklung der Public Cloud. Der Markt für Cloud-Dienste kann innerhalb weniger Jahre ein enormes wirtschaftliches Wachstum verzeichnen, welcher sich in der Umsatzentwicklung widerspiegelt. Nach dem Marktforschungsinstitut *Gartner* lag der weltweite Umsatz im Bereich Cloud Computing im Jahre 2010 für IaaS, PaaS und SaaS bei 42,8 Milliarden US-Dollar und hat sich bis 2017 mit 145,3 Milliarden US-Dollar mehr als verdreifacht, was einer durchschnittlichen jährlichen Wachstumsrate von 34,21 % entspricht (s. Abbildung 3). Führt man eine Segmentierung der vorliegenden Umsatzzahlen nach Cloud-Diensten durch, fällt auf, dass sich in den Bereichen IaaS und SaaS der stärkste Zuwachs ereignete. Dabei machten SaaS-Lösungen im Jahre 2017 40,47 % des gesamten Marktvolumens aus und stellen folglich das Teilsegment mit dem größten Umsatz dar.[79]

---

[79] Vgl. KPMG 2018, S.

Analyse von Cloud Computing

Abbildung 5 Weltweite Ausgaben für Public Cloud 2010-2017[80]

3.1.1 Cloud-Nutzung nach Regionen

Nachdem die Verteilung des weltweiten Umsatzes der vergangenen Jahre auf die verschiedenen Liefermodelle des Cloud Computing (IaaS, PaaS und SaaS) abgebildet wurde, folgt nun eine Darstellung der globalen Cloud-Computing-Ausgaben in 2014 und 2019 nach Regionen:

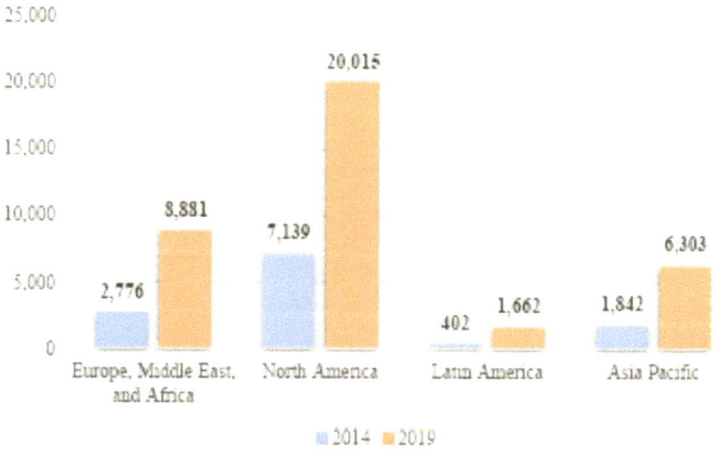

Abbildung 6 Weltweite Cloud-Computing-Ausgaben in 2014 und 2019 nach Regionen in Milliarden US-Dollar [81]

---

[80] Vgl. KPMG 2018, S.
[81] Eigene Darstellung in Anlehnung an Research Market Monitor 2019

Abbildung 5 zeigt, dass Nordamerika sowohl 2014 als auch 2019 am meisten in Cloud Computing investiert hat und die Ausgaben jeweils doppelt so hoch waren wie die Gesamtsumme der Investitionen der anderen Regionen. Dies lag zum einen an den vorherrschenden vorteilhaften infrastrukturellen und politischen Umständen, die die Adaption von Cloud-Lösungen sowohl 2014 als auch heute vereinfachte. Hervorzuheben sind dabei Kanada und USA, die laut einer alljährlich durchgeführten Studie der *BSA – The Software Alliance* (2018), welche ein Cloud Computing Ranking der führenden Wirtschaftsmächte beinhaltet, das anhand der vorherrschenden Gesetze und Bedingungen in den Themenbereichen Datenprivatsphäre, Sicherheit, Internetkriminalität, Recht an geistigem Eigentum, internationale Normen und Harmonisierung, Förderung des Freihandels sowie IT-Infrastruktur erstellt wird, im Jahre 2014 führend sind und auch im Jahr 2018 zu der Spitzengruppe gehören. Darüber hinaus gelten Japan, Großbritannien, Australien, Singapore und auch Deutschland im diesjährigen Ranking zu den Besten innerhalb dieser Kategorien.[82] Bei der Betrachtung der Ausgaben der deutschen Wirtschaft fällt auf, dass sie während der ersten Jahre nach der Markteinführung des Cloud Computing nur eine zurückhaltende Rolle spielte. Nachdem sich die Technologie etabliert hatte und einen höheren Reifegrad aufweisen konnte, entstand aufgrund des akuten Nachholbedarfes eine Welle von Investitionen deutscher Unternehmen.[83] Heute hat der Cloud-Computing-Markt den Status des am stärksten wachsenden Segments der deutschen IKT errungen, bei dem die Investitionen in klassische Cloud-Dienste ebenfalls als treibende Kräfte des Wachstums gelten.[84]

3.1.2 Markttreiber und Markthemmnisse

Cloud Computing hat sich als zukünftiges Bezugs- und Produktionsmodell der IT etabliert, was sich in der Investitionsbereitschaft der Unternehmen widerspiegelt.[85] Ferner bietet es neue Möglichkeiten, um auf die Herausforderungen der Globalisierung und Technologisierung, die eine Wettbewerbsverschärfung sowie höhere Komplexität und Dynamik innerhalb der Märkte zur Folge haben, zu reagieren.[86] Nachfolgend sollen die zentralen Treiber und Hemmnisse des Cloud Computing, welche die aufgezeigte Marktentwicklung begründen, vorgestellt werden.

---

[82] Vgl. BSA 2018, S. 14 ff.
[83] Vgl. BITKOM 2010; KPMG 2018, S. 15
[84] Vgl. Ferdinand 2010, S. 5
[85] Vgl. Deloitte 2017 S. 5; BITKOM 2010, S. 21
[86] Vgl. Stern 2010, S. 2 ff.; Hugendubel 2012, S. 16

Allem voran gilt die Senkung der Fixkosten hin zu variablen Kosten als einer der bedeutendsten Beweggründe, wodurch das nutzungsabhängige Bezahlmodell für Hardware und Software entstanden ist. Dabei ist die Kostenflexibilisierung besonders für kleine und mittlere Unternehmen (KMU) relevant, da die Implementierung konventioneller IT-Systeme sowie die damit verbundenen hohen Fixkosten eine erhebliche Hürde bei der Realisierung von IT-Lösungen darstellten.[87] Infolgedessen wird die Standardisierung der IKT-Services für Betriebe, die nicht über ausreichend finanzielle Ressourcen verfügen, um eine IT-Prozessunterstützung zu schaffen, möglich. Hinzu kommt, dass sich durch die erhöhte Flexibilität und Schnelligkeit neuartige Geschäftsprozesse oder Geschäftsmodelle zügiger implementieren lassen, was eine Erleichterung bei Zusammenschlüssen von Unternehmen, Akquisitionen und der Reorganisation von Unternehmen bedeutet.[88] So kann eine schnellere Anpassung der IT auf strategische Neuausrichtungen in Abhängigkeit von veränderten Markt- und Kundenanforderungen erfolgen, was in der heutigen Zeit ein entscheidender Wettbewerbsfaktor ist.[89] In Summe profitiert der Anwender in puncto Flexibilität, Produktivität und Skalierbarkeit und verfügt somit über neue Handlungsoptionen, um die oben aufgeführten Herausforderungen zu bewältigen.

Neben der Identifikation der Treiber gilt es auch Hemmnisse zu erkennen, die den Wettbewerb und dementsprechend auch die Marktentwicklung des Cloud Computing einschränken. Während der Markteinführung stellte speziell die Darstellung in der Öffentlichkeit eine Herausforderung dar, da die Kunden eine Bereitstellung von IT-Ressourcen erwarteten, die die Charakteristika der Schlichtheit, Primitivität und Einfachheit aufwiesen. Es wurde jedoch vernachlässigt, dass der Kunde für die Implementierung von Cloud-Lösungen diverse Entscheidungen treffen muss, wie die Wahl eines Service- oder Betriebsmodells, welche unterschiedliche Vorteile und Nachteile besitzen und infolgedessen zuerst evaluiert werden müssen (s. Kapitel 3.3 & 3.4).[90] Hinzu kommt die Vielzahl an Anbietern, die für den Aufbau einer funktionstüchtigen IT-Architektur benötigt werden, sodass das Risiko des Datenverlustes sowie weitere Datenschutzrisiken entstehen, welche besonders für das Bank- und Versicherungswesen ein sensibles Thema darstellen. Hinzu kommen rechtliche und behördliche Compliance-Probleme, die vor allem bei global agierenden

---

[87] Vgl. Ferdinand 2010, S. 12
[88] Vgl. BITKOM 2010, S. 15 ff.
[89] Vgl. PAC 2012, S. 14
[90] Vgl. Ferdinand 2010, S. 19

Unternehmen eintreten, da keine weltweite Rechtsgrundlage für die Verarbeitung von Daten besteht.[91] In den vergangenen Jahren konnten die Anwender im Umgang mit Cloud-Diensten an Erfahrung gewinnen, sodass Probleme wie die mangelhafte Außendarstellung gelöst werden konnten.

Schlussendlich überwiegen die Markttreiber gegenüber den Markthemmnissen und es zeigt sich, dass die Innovation des Cloud Computing eine Unterstützung für Unternehmen zum Meistern heutiger Herausforderungen darstellt. Dementsprechend wird auch zukünftig ein weiteres Marktwachstum prognostiziert, was vor allem in der Vielzahl neuer Cloud-Dienste begründet liegt.[92]

3.1.3 Morphologie des Geschäftsmodells

Im Falle des Cloud Computing erstrecken sich die Veränderungen über die gesamte Wertschöpfungskette: vom Leistungsangebot über die Leistungserstellung bis hin zum Ertragskonzept der Anbieter. Als Folge entstand ein globales, komplexes und dynamisches Wertschöpfungsnetz, bei dem partnerschaftliche Beziehungsgeflechte wie bspw. zwischen Cloud-Plattform-Providern (AWS, IBM, Microsoft, et cetera) und SaaS-Providern die Grundlage für erfolgreiche Geschäftsmodelle bilden, da so beide Parteien von Synergieeffekten profitieren.[93]

Das **Leistungsangebot** der Cloud-Anbieter konnte durch das zusätzliche Offerieren von Dienstleistungen, neben den eigenen Produkten, erweitert werden (s. Kapitel 3.3). Hierbei unterliegt der Kundenmehrwert der Kombination von Produkten und Dienstleistungen innerhalb eines problemadäquaten Leistungssystems, in dem zwischen den verschiedenen Diensten oder Betriebsmodellen und deren jeweiligem Geschäftsnutzen unterschieden werden kann. Als Folge der Erweiterung entstanden neue Märkte und die Möglichkeit der Differenzierung zur herkömmlichen Anbieterlandschaft. So konnten sich abseits bekannter Unternehmen wie IBM, AWS und Microsoft neue Herausforderer in den einzelnen Teilsegmenten, wie Salesforce oder Netsuite, etablieren.[94]

Im Allgemeinen beschreibt die **Leistungserstellung** wertschöpfende, unterstützende Prozesse sowie die Einflusspunkte von Partnern, die für die Einhaltung des Nutzenversprechens (englisch: „value proposition") eines Geschäftsmodells

---

[91] Vgl. KPMG 2016, S. 5 f.
[92] Vgl. BITKOM 2013, S. 10
[93] Vgl. BITKOM 2013, S. 12 f.
[94] Vgl. Ferdinand 2010, S. 12; BITKOM 2013, S. 14 f.

gegenüber dem Kunden benötigt werden. Die Schlüsselressourcen sind im Falle des Cloud Computing in Form von skalierbaren IT-Ressourcen, dem Service-Personal, den Entwicklern der Cloud-Applikationen und dem Partnernetzwerk vorhanden und bilden die Basis für eine erfolgreiche Umsetzung der Schlüsselaktivitäten. Zu diesen zählen die Entwicklung und Bereitstellung der Cloud-Dienste, der Cloud-Applikationen und des Partnernetzwerkes. Darüber hinaus besitzen die Kunden in Zeiten der digitalen Transformation sowie bei der Systemintegration von Hardware und Software erhöhten Beratungsbedarf, sodass sie ebenfalls als Schlüsselaktivitäten gelten. Das Element der Schlüsselpartnerschaften umfasst die Motive und Ziele der Zusammenarbeit von Organisationen. Im Falle des Cloud Computing steht dabei die Optimierung und das Erzeugen von Synergien durch die Nutzung externer Ressourcen an erster Stelle. So werden mithilfe anderer Unternehmen Mengenvorteile erzeugt und infolgedessen die Dienstleistungen kostengünstiger angeboten. Außerdem führen Partnerschaften zu einer Risikominimierung, die besonders in speziellen Bereichen bzw. Nischen (z.B. Open-Stack-Plattformen) von hoher Bedeutung sind, und der Möglichkeit der Nutzung gemeinsamer Ressourcen im Bereich der Akquise, was zu Synergien für die Partner sowie einer Vergrößerung des Kundenpools führt.[95]

Das **Ertragsmodell** schildert, aus welchen Quellen und auf welche Weise ein Unternehmen seinen Umsatz generiert.[96] Das am häufigsten genutzte Erlösmodell im Falle des Cloud Computing ist das Pay-per-use-Modell, bei dem eine Abrechnung nach Leistungseinheiten erfolgt. Hinzu kommen zwei weitere: das Modell des Basispreises mit nutzungsabhängigen Komponenten sowie das Flatrate-Modell.[97]

Zur Veranschaulichung des beschriebenen Geschäftsmodells dient Abbildung 7, welche eine grafische Darstellung der drei Teilmodelle, die darin liegenden Dimensionen sowie die möglichen Ausprägungen innerhalb dieses Modells zeigt.

---

[95] Vgl. BITKOM 2013, S. 16
[96] Vgl. Gassmann 2011, S. 43 ff.
[97] Vgl. BITKOM 2013, S. 17

	Dimensionen	Mögliche Ausprägungen			
	Kundensegment (KuS)	(B) B2B	(C) B2C		
	Cloud-Service-Ebene (CSE)	(I) IaaS	(P) PaaS	(S) SaaS	(BP) BPaaS
	Cloud-Organisationsform (COF)	(Pv) Private	(Pu) Public	(H) Hybrid	(Co) Community
	Geschäftsnutzen (GN)	(PdI) Produkt-Innovation	(SI) Service-Innovation	(PzI) Prozess-Innovation	(KR) Kostenreduktion / (KT) Kostentransparenz / (KP) Kostenplanbarkeit
	Schlüssel-Ressourcen (SR)	(ITR) Skalierbare IT-Ressource	(ECA) Entwickler Cloud-Applikation	(SP) Service-Personal	(PN) Partnernetz
	Schlüssel-Aktivität (SA)	(BCS) Entwicklung /Bereitstellung Cloud-Service	(BCA) Entwicklung /Bereitstellung Cloud-Applikation	(EPN) Entwicklung Partnernetz	(CSI) Consulting / Systemintegration
	Schlüssel-Partnerschaft (SP)	Ziel: (OS) Optimierung & Synergie	Ziel: (RM) Risiko-Minimierung		Ziel: (AR) Akquise Ressourcen
	Erlösmodell (ErlM)	(PPU) Pay-per-use	(BNK) Basispreis mit nutzungsabhängigen Komponenten	(FR) Flatrate	(PYS) Pay-as-you-succeed

Abbildung 7 Geschäftsmodell-Morphologie im Bereich Cloud Computing [98]

3.2 Zielmärkte und Kundenanforderungen

Nachdem die Entwicklung des Cloud-Computing-Marktes beschrieben wurde, widmet sich der nächste Schritt der Erkennung möglicher Zielmärkte sowie deren Anforderungen an Cloud-Dienste.

Die dargestellten Mehrwerte (s. Kapitel 4.1) des Cloud Computing lassen mutmaßen, dass die Technologie branchenübergreifend genutzt wird. Eine Studie der KPMG aus dem Jahre 2017, bei der 557 Unternehmen verschiedener Größenklassen (20 – 2.000 MA) und Branchen in Deutschland befragt wurden, bestätigt diese These. Folglich gaben rund 66 % der Befragten an, Cloud-Dienste in ihrer Organisation einzusetzen, und weitere 21 % befinden sich demnach in der Planung, um solche zukünftig zu integrieren. Betrachtet man die Nutzung nach Größenklassen der Unternehmen, stellt man fest, dass vor allem große Unternehmen einen Großteil ihrer IT bereits in der „Wolke" haben:[99]

---

[98] Eigene Darstellung in Anlehnung an XXX – folgt.
[99] Vgl. KPMG 2018, S. 3 ff.

- Kleine Unternehmen (20 – 99 MA): 66 %
- Mittlere Unternehmen (100 – 1.999 MA): 65 %
- Große Unternehmen (> 2.000 MA): 83 %.

Den größten Sprung innerhalb der vergangenen drei Jahre (2014 – 2017) machten jedoch kleine Unternehmen, die den Einsatz von Cloud-Diensten von 41 % auf 66 % steigern konnten, während die mittleren und großen lediglich ein Wachstum von 13 % und 15 % verzeichneten.[100] Darüber hinaus kann anhand der Umfrageresultate die branchenübergreifende Adaption der Technik bewiesen werden (s. Abbildung 7). Demnach bilden Unternehmen der Energie- (87 %), Chemie- und Pharma- (84 %) und IT- und Telekommunikationsbranche (79 %) die Gruppe der Pioniere der deutschen Wirtschaft.[101]

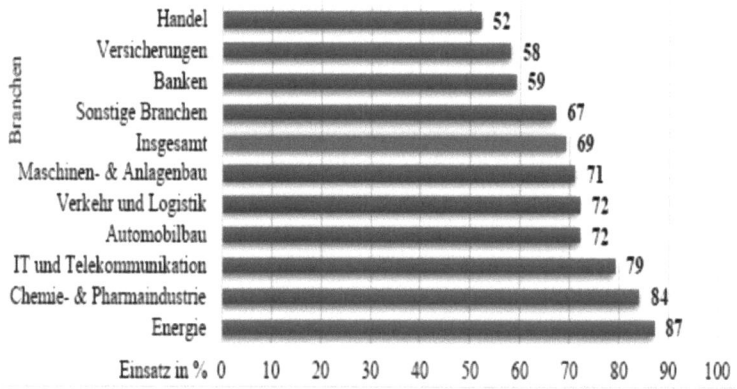

Abbildung 8 Einsatz von Cloud Computing in deutschen Unternehmen nach Branche[102]

Somit ist festzuhalten, dass deutsche Unternehmen die Vorzüge des Cloud Computing erkannt haben und sich mit der Entwicklung einer entsprechenden Strategie beschäftigen. Aus Sicht der Cloud-Anbieter bergen insbesondere KMUs aufgrund der zuletzt ansteigenden Nutzung und des Nachholbedarfs im Vergleich zu großen Unternehmen ein enormes Ertragspotential. Doch gilt dieses Bild nicht nur für Deutschland, sondern kann auf die gesamte Welt übertragen werden. Dies bestätigt

---

[100] Vgl. KPMG 2018, S. 6
[101] Vgl. BITKOM 2017, S. 27
[102] Eigene Darstellung in Anlehnung an KPMG 2017

die internationale Studie „*The state of cloud adaption and security*" (2017), laut der bereits eine Vielzahl von Betrieben unterschiedlicher Branchen Nutzungs- und Einsatzbereiche für Cloud-Services besitzen, die es zu identifizieren gilt.[103]

3.2.1 Nutzungs- und Einsatzbereiche von Cloud-Diensten

Seit der Einführung ist Cloud Computing zu einem festen Bestandteil der heutigen IT-Organisation gereift. Den Kernpunkt bildet der Ansatz Everything-as-a-Service, der alle Dienste für Infrastruktur, Hard- und Software bis hin zur Nutzung des menschlichen Verstands als Dienstleistung beinhaltet.[104] Dementsprechend können heute neben den klassischen Leistungen weitere Funktionalitäten als Dienste offeriert werden. Ein Beispiel ist Data-Intensive-Computing-as-a-Service (DICaaS), bei dem auf Basis von Big-Data-Praktiken große Datenmengen in einer Cloud-Infrastruktur ausgewertet werden.[105] Nichtsdestotrotz befinden sich die klassischen Dienste auch heute noch am häufigsten in Verwendung der Unternehmen. Dies bestätigt eine Studie der *Pierre Audoin Consultants* (PAC) aus dem Jahr 2017, bei der weltweit 2031 CIOs von Unternehmen unterschiedlicher Größenklassen und Branchen zu der Nutzung von Cloud-Services und deren Einsatzbereichen befragt wurden (s. Abbildung 8). Das Ergebnis zeigt, dass mehr als 50 % der Befragten Cloud-Dienste zur Speicherung von Daten, für Serverkapazitäten und zum Web-Hosting verwenden. Hinzu kommt ein weiteres Drittel der Studienteilnehmer, die sich derzeit in der Einführung der Services zu diesem Zwecke befinden.[106] Im Softwarebereich gehört die Verteilung sowie Administration von Geschäfts- und Office-Anwendungen in Zeiten immer kürzer werdender Softwarerelease-Zyklen und zunehmender Datenmengen zu den Aufgabenbereich des Cloud Computing. Dies führte in jüngster Vergangenheit dazu, dass bereits heute 41 % der Unternehmen Cloud-Services zu diesem Zweck beziehen und weitere 35 % Planungstätigkeiten dahingehend haben.[107] Abgesehen von den bereits aufgeführten Nutzungsbereichen, bedienen sich rund 35 % der Dienste, um Internet-of-Things-Plattformen (IoT) und Entwicklungsplattformen zu betreiben.

---

[103] Vgl. Cloud Alliance 2017, S. 11
[104] Vgl. Fraunhofer 2018, S. X
[105] Vgl. Fraunhofer 2018, S. X
[106] Vgl. PAC 2017, S. 23
[107] Vgl. PAC 2017, S. 24

Vor allem Letzteren wird in Zukunft ein enormes Potenzial zugesprochen, was dazu führt, dass weitere 40 % PaaS in ihrer Cloud-Strategie berücksichtigen.[108]

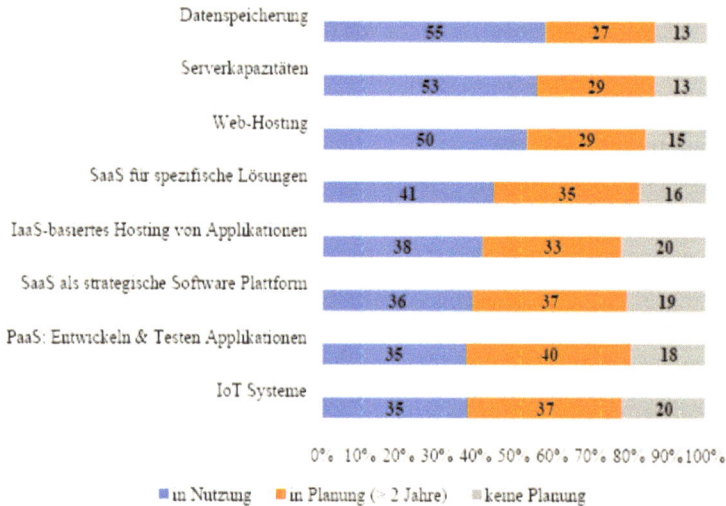

Abbildung 9 Nutzungsbereiche von Cloud Computing in Unternehmen (eigene Darstellung in Anlehnung an PAC 2017)

Die Einsatzgebiete der Cloud-Dienste erstrecken sich über alle Unternehmensbereiche. Dabei findet die größte Verwendung mit 55 % in der hauseigenen IT zur Sicherung der Cyber-Security statt, dicht gefolgt von Geschäftsanwendungen im Personalwesen (50 %), Finanz- und Rechnungswesen (49 %), CRM (48 %) sowie Supply Resource Management (SRM) (46 %). Hinzu kommt die Benutzung der Leistungen für eine Cloud-basierte Arbeitsplatzlösung (43 %), die Mitarbeiter mit Office-Anwendungen versorgt, eine Zusammenarbeit mittels Vernetzung ermöglicht sowie die Grundlage zur internen und externen Kommunikation bildet. Ferner ist in den kommenden Jahren mit einer positiven Entwicklung von 35 % in den Bereichen Big Data, IoT und der Kreation neuer digitaler Geschäftseinheiten zu rechnen.[109]

---

[108] Vgl. PAC 2017, S. 28
[109] Vgl. PAC 2017, S. 29

3.2.2 Wahl des Cloud-Modells

Nachdem aufgezeigt wurde, wozu und welche Cloud-Services überwiegend im Geschäftsbereich genutzt werden, stellt sich die Frage, ob die Nutzer Präferenzen hinsichtlich des Betriebsmodells aufweisen. Wie bereits in Kapitel 3.2 beschrieben, existieren drei Grundformen, nämlich die Private, die Public und die Hybrid Cloud, bei denen man zwischen eigener und der Verwaltung mittels eines Anbieters unterscheiden kann. Im Falle der Private Cloud kommt es zu einer zusätzlichen Differenzierung zwischen Hosted und In-house, was auf die örtliche Lage der IT-Infrastruktur abzielt. Das Resultat der Umfrage zeigt, dass die Mehrheit (51 %) der Unternehmen auf eine In-house Private Cloud, bei der die Verwaltung der eigenen IT-Abteilung unterliegt und somit eine höhere Datensicherheit aufweist, setzt. Dazu kommen in den nächsten zwei Jahren weitere 30 %, deren zukünftige Strategie selbiges Modell beinhaltet und sich somit gegen das externe Betreiben entschieden hat.[110] Insgesamt führen die Ergebnisse zu dem Schluss, dass sowohl Private- als auch Public-Cloud-Modelle ein ähnliches Maß an Vertrauen unter den Nutzern genießen. Weiterhin kann trotz der aktuell geringen Verwendung der Hybrid Cloud ein positiver Trend erkannt werden, infolgedessen Unternehmen in Zukunft eine Kombination von Private und Public Cloud anstreben.[111] Bei der Betrachtung der verwendeten Betriebsmodelle mittelständischer Unternehmen ergibt sich, bis auf eine Abweichung im Gebrauch von Public Cloud (- 12%), ein kongruentes Bild (s. Anhang).[112] Die Bestimmung eines passenden Cloud-Modells hängt von verschiedenen Faktoren ab, die zumeist an lokale Märkte und die Vorschriften bestimmter Länder gebunden sind.[113] Ein oft genanntes Beispiel eines solchen Richtmaßes ist die Datenschutz-Grundverordnung (DSGVO), die seit dem 26. Mai 2016 in Kraft getreten ist und für den europäischen Wirtschaftsraum gilt.[114]

---

[110] Vgl. PAC 2017, S. 24
[111] Vgl. PAC 2017, S. 26
[112] Vgl. BITKOM 2017, S. 30
[113] Vgl. PAC 2017, S. 25
[114] Vgl. Daschug 2016

Analyse von Cloud Computing

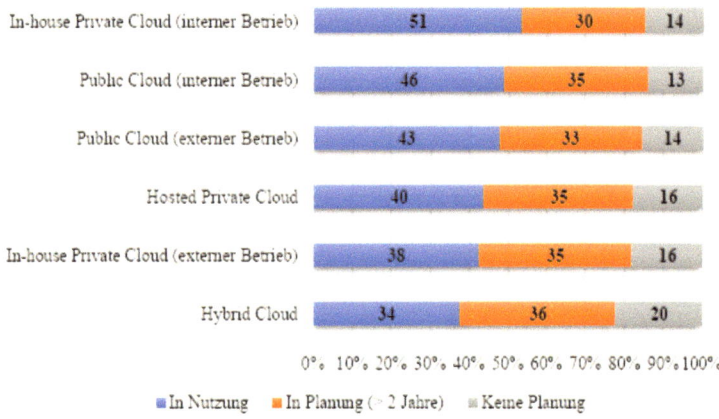

Abbildung 10 Verwendung von Cloud-Computing-Betriebsmodellen in IT-Abteilungen[115]

3.2.2.1 Anforderungen an Cloud Anbieter

Anknüpfend an die dargestellte Verwendung des Cloud Computing, folgt nun eine Aufführung der kundenrelevanten Kriterien und Leistungen bei der Auswahl eines Providers.

Das wohl wichtigste Kriterium bei der Auswahl eines geeigneten Anbieters ist die Gewährleistung der Sicherheit. Um dies zu erfüllen, bedarf es hochsichere, zertifizierter Rechenzentren, die rechtliche Anforderungen hinsichtlich Datenschutzes und Datensicherheit einhalten und im Idealfall in dem Rechtsgebiet der leistungsbeziehenden Organisation liegen.[116] Darüber hinaus besitzen die Kunden eine Präferenz für große Cloud-Anbieter, da sie über ein großes Spektrum von Cloud-Services in den Bereichen IaaS, PaaS und SaaS verfügen. Man spricht hierbei von sogenannten Cloud-Plattformen, auf denen Cloud-Dienste von Anwendern kombiniert und entsprechend ihren Ansprüchen genutzt werden können. Dabei gilt das Prinzip „Je mehr, desto besser" nicht nur für die Anzahl der angebotenen Services, sondern für das gesamte Partnerökosystem eines Providers, da so eine bessere Abdeckung der individuellen Anforderungen der Kunden ermöglicht wird.[117] Weitere

---

[115] Eigene Darstellung in Anlehnung an PAC 2017
[116] Vgl. Telekom und PAC 2012, S. 27; BITKOM 2018, S. 28
[117] Vgl. Telekom und PAC 2012, S. 27 f.

Faktoren sind Branchenerfahrung sowie Erfahrungen in der Bereitstellung der unterschiedlichen Dienste, was die Grundlage zur Fähigkeit einer kompetenten Beratung eines Anbieters für den jeweiligen Kunden bildet. So kann im Falle von unerfahrenen Anwendern gemäß der Best-Practice-Methode vorgegangen werden und eine individuelle Lösung mithilfe von Erfahrungen aus vergangenen Projekten erstellt werden.[118] Neben der Erstellung einer bedarfsgerechten Lösung wird auch die erfolgreiche Integration der Lösungen durch den Provider verlangt, was insbesondere im IT-Outsourcing eine umfangreiche Planung bedeutet. Um dies zu erreichen, erfordert es eine Interoperabilität der Lösungen verschiedener Anbieter, die heute durch die Nutzung einheitlicher Standards gewährleistet wird.[119] Weitere Kriterien, die im Rahmen der Studien der Telekom, Crisp Research und BITKOM eruiert wurden, jedoch laut den Befragten bei der Auswahl eines Anbieters weniger gewichtet werden, sind die Möglichkeit zur erweiterten Datenverschlüsselung, eine Ausstiegsvereinbarung im Vertrag, der Direktzugriff auf Sicherheitsprotokolle, eine einfache Administration und Kontrolle, ein transparentes Preis- und Abrechnungsmodell sowie ein jederzeit erreichbarer Kundenservice.[120]

3.3 Überblick und Strategie der Provider

Wie bereits in Kapitel 4.1 beschrieben, verursachte Cloud Computing einen fundamentalen Wandel innerhalb der Informations- und Kommunikationstechnologiebranche, infolgedessen sich die ehemals lineare Wertschöpfungskette hin zu einem komplexen Wertschöpfungsnetzwerk transformierte. Dies führte zu der Fusionierung bestehender sowie zu der Entstehung neuer Märkte, sodass die Rollen und Aufgaben der IT-Anbieter neu definiert wurden. Man unterscheidet heute zwischen IaaS-Anbietern, die für den Aufbau und den Betrieb der Infrastruktur zuständig sind, PaaS-Anbietern, welche eigene Cloud-Plattformen mit diversen Services offerieren, SaaS-Anbietern, deren Arbeit das Application Management und die Service-Bündelung umfasst, sowie den Systemintegratoren, deren Aufgabengebiete in der Systemintegration und Kundenberatung liegen.[121]

---

[118] Vgl. Telekom und PAC 2012, S. 28; BITKOM 2017, S. 28
[119] Vgl. Telekom und PAC 2012, S. 28 f.
[120] Vgl. Telekom und PAC 2012, S. 27 f.; Crisp Research 2018 S. 36
[121] Vgl. BITKOM 2013, S. 33

3.3.1 Verteilung der Marktanteile

Der weltweite Umsatz für IaaS, PaaS und Cloud-Dienstleistungen für Endverbraucher wurde im ersten Quartal des Jahres 2018 auf 15 Milliarden Dollar beziffert.

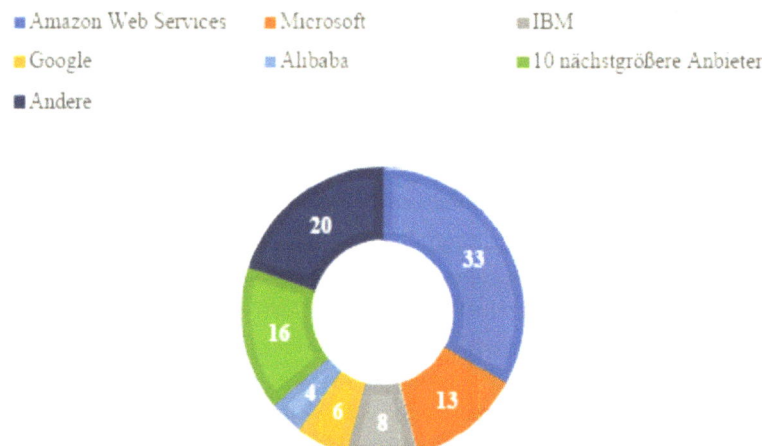

Abbildung 11 Anbieter Cloud-basierter IT-Dienstleistungen nach weltweiten Marktanteilen im 1. Quartal 2018 [122]

Abbildung 11 zeigt, dass *Amazon Web Services* (AWS) mit 33 % der Marktanteile die Position des Marktführers besitzt und sich dahinter eine Reihe namhafter Konkurrenten wie *Microsoft* (13 %), *IBM* (8 %), *Google* (6 %) und *Alibaba* (4 %), aber auch unbekannte Unternehmen, die das Potenzial der Technologie erkannt haben, befinden. Dabei gilt jedoch zu beachten, dass insbesondere kleinere Anbieter nicht das volle Spektrum der Cloud-Services nutzen, sondern oftmals nur einzelne Dienstleistungen, die wiederum über eine größere Plattform wie die IBM Cloud offeriert werden.[123] Die führenden Provider *AWS*, Microsoft, *IBM*, *Google* und *Alibaba* weisen einen gemeinsamen Marktanteil von 64 % auf, sodass sich erstmals eine erkennbare Wettbewerbsstruktur herauskristallisiert (vgl. Synergy Research Group 2018). Auf Grund dessen und der zahlreichen weiteren Anbieter handelt es sich bei der Marktstruktur des Cloud-Computing-Marktes um ein Polypol, bei dem sich viele Nachfrager und Anbieter gegenüberstehen.[124]

---

[122] Eigene Darstellung in Anlehnung an Synergy Research Group 2018
[123] Vgl. Ferdinand 2010, S. 14
[124] Vgl. ISG Ltd. 2012

3.3.2 SWOT-Analyse der führenden Anbieter

Nachfolgend sollen sowohl Stärken und Schwächen als auch Chancen und Risiken der drei führenden Cloud-Anbieter aufgezeigt werden. Für die Analyse wurden die aktuellen Produktportfolios (s. Anhang), derzeitigen Finanzkennzahlen, Geschehen im Umfeld der Unternehmen sowie gegenwärtige Markttrends berücksichtigt. Auf Grund des begrenzten Umfangs dieser Arbeit und des Fokus auf die zukünftige Entwicklung des Cloud Computing wurden lediglich die drei führenden Unternehmen im Bereich IaaS und PaaS betrachtet.[125] Diese sind:

I. AWS
II. Microsoft
III. IBM

Amazon Web Services (AWS):

Stärken	Schwächen
• Bedeutender Verstand und Marktanteil im IaaS- und PaaS-Markt • Die Angebote werden vor der allgemeinen Verfügbarkeit intern getestet • Der AWS Marketplace bietet ein umfassendes Ökosystem von schlüsselfertigen Softwareangeboten an • Innovatives Dienstleistungsportfolio demonstriert die Denkführerschaft	• AWS kann für viele ihrer Angebote keine SLAs garantieren • Die Fähigkeiten und das Wissen der Kunden sind unzureichend, um das gesamte Spektrum der Selbstbedienungsoptionen zu nutzen • Die Hybrid-/Multi-Cloud-Strategie ist unklar • Das Innovationstempo erhöht die Komplexität und erschwert die Verwaltbarkeit
Chancen	**Risiken**
• Zukünftige Produktankündigungen kohärent beschreiben, um neue Entscheidungen zu klären • Die Kreation eines navigationsfähigeren Kundenkatalog aus Sicht der Kunden • Die Erstellung von Automatisierungen und Service-Paketen	• Die Wettbewerber gewinnen bei Managed und Professional Services an Bedeutung • Protektionistische Trends entwickeln sich zu einer Verschiebung der Anforderungen an die Datenresidenz • Andere kompetitive Plattformen werden durch hochproduktive Angebote immer beliebter

Abbildung 12 SWOT Analyse AWS

---

[125] Vgl. Synergy Research Group 2018

Microsoft Azure:

Stärken	Schwächen
• Effektive und visionäre Führung durch Satya Nadella • Die hohe aktuelle Profitabilität und solide Finanzlage • Das diversifizierte Produktportfolio, das vor Misserfolgen in einzelnen Dienstleistungssegmenten schützt • Die Vielzahl an strategischen Partnerschaften mit anderen Unternehmen im E-Commerce und in der IT-Branche	• Der Mangel an Innovation im Vergleich zu anderen Anbietern • Der Verlust der Führungsposition im Bereich Internetbrowser • Technische Probleme bei Windows-Updates, die zu Sicherheitsproblemen der Produkte führen • Hohe Abhängigkeit von Hardware-Herstellern
Chancen	**Risiken**
• Verstärkte Investitionen in neue Technologien wie KI und Analytics • Die Entwicklung von neuen Service-Paketen, die zukünftig eine aggressivere Preispolitik ermöglicht	• Weitere Service-Einschränkungen durch regulatorische Maßnahmen für Datenschutz • Hohe Gesamtbetriebs-, Marketing- sowie Forschungs- und Entwicklungskosten

Abbildung 13 SWOT-Analyse Microsoft

International Business Machine (IBM):

Stärken	Schwächen
• Starke Cloud-Datacenter-Präsenz und -Kapazitäten weltweit • Das breite Spektrum an Hardware, Software, Services und Cloud- Funktionen bietet eine solide Basis zur Erweiterung des hybriden IT-Portfolios • Die Bereitstellung von kognitiven Fähigkeiten (mittels Watson) in Cloud-Lösungen	• Ungewisse Investitionen in neue Technologien wie Blockchain • Die starke Diversifikation erfordert Investitionen, wodurch die Finanzlage inmitten einer Verschiebung des Geschäftsmodells gefährdet ist • Die unklare Positionierung in Kernbereichen erschwert die Markteinführungsstrategie verschiedener Produkte

Chancen	Risiken
• Die Erweiterung der Zielgruppen durch Cloud-, Analytics- und Watson-Lösungen • Potenzielle neue Kunden und Einnahmequellen durch strategische Partnerschaften mit Salesforce und Red Hat • Die Ausdehnung und Stärkung des Angebots für Private Cloud Services durch den Kauf von Verizon • Große Unternehmen setzen vermehrt auf Public Cloud	• Watson als einziges Hauptunterscheidungsmerkmal stellt eine starke Abhängigkeit dar • Die zunehmende Konkurrenz im für Private-Cloud-Lösungen durch Dell EMC und DXC • Die Nachfrage für die angebotenen Public-Cloud-Lösungen ist im Vergleich zu anderen Anbietern gering

Abbildung 14 SWOT-Analyse IBM

Strategie der Cloud-Anbieter

Um im Cloud Markt erfolgreich zu sein, bedarf es aufgrund des großen Wettbewerbs und infolgedessen der Differenzierung von anderen Anbietern einer innovativen Geschäftsstrategie. Dazu müssen die Grundlagen des Marktes berücksichtigt werden, um ein Geschäftsmodell zu erschaffen, das einen Kundenmehrwert darstellt. Dazu zählen grundlegende Schlüsselkomponenten, die die Geschäftsstrategien der Anbieter charakterisieren:[126]

- **Cloud Delivery** Services – was wird dem Kunden verkauft?
- **Zielmärkte** – an wen sind die Leistungen adressiert?
- **Strategie** – Spielplan/Vorhaben, um langfristig Werte zu schaffen.
- **Prozessvorgänge** – wie werden Leistungen erstellt und geliefert?

Die erste Komponente einer Cloud-Provider-Strategie besteht darin, den angebotenen Dienst klar zu beschreiben und die Verantwortlichkeiten zu definieren. In der Regel setzen sich Cloud-Lösungen aus den vier Schichten Inhalt, Prozess und Anwendungen, Integration und Middleware sowie Infrastruktur und Geräte zusammen, bei denen jeweils der Wettbewerbsvorteil für die Kunden erkennbar sein muss. Dabei ist es gängig, dass nicht ein einzelnes Unternehmen Betreiber aller Lösungsschichten ist, sondern die Bereitstellung mehreren Parteien unterliegt.[127] Zu Beginn des Cloud Computing besaßen die Anbieter den sogenannten First-Mover-Vorteil, der es ihnen ermöglichte, aus ihren Fehlern zu lernen und dennoch

---

[126] Vgl. IBM Ltd. 2009, S. 5
[127] Vgl. GBS 2009, S. 7

Marktanteile zu gewinnen. Für heutige Provider gilt dies aufgrund des hohen Wettbewerbs nicht mehr, sodass die kleineren Anbieter eine Nischenstrategie verfolgen und sich infolgedessen zunehmend spezialisieren. Die Großen hingegen streben die Kostenführerschaft an und versuchen verstärkt ihre Services zu erweitern sowie zu differenzieren.[128] Ein weiteres Element, das in der Geschäftsstrategie eines Cloud-Anbieters einen hohen Stellenwert genießt, ist die Einbindung der Kunden zur Optimierung der Services, die durch eine regelmäßige Bedarfsanalyse zu einer Beseitigung der Schwachstellen sowie Berücksichtigung der Kundenbedürfnisse bei der Einführung neuer Dienstleistungen führt – mit der Folge, dass unter den dominierenden Providern eine geringe Fluktuationsrate der Kunden zu verzeichnen ist.[129] Neben der verstärkten Kundenorientierung stellen strategische Partnerschaften und Fusionen ein zentrales Element des Cloud-Ökosystems dar, da sie den Ausbau der Dienstleistungen ermöglichen und eine allgemeine Risikominimierung erreichen (s. Kapitel ehemals 2.2.3).[130] An der Entwicklung der Anbieterlandschaft erkennt man, dass der frühere fragmentierte Markt immer weiter zusammenwächst und sich Allianzen bilden. Dabei sind die Muster und Motive der Akquisitionen häufig identisch. Führende Provider kaufen kleinere spezialisierte Unternehmen auf, um deren Marktanteile zu gewinnen und von ihrem technologischen Know-how zu profitieren. Ein Beispiel für eine solche Allianz ist der Aufkauf des Open-Source-Marktführers *Red Hat* durch *IBM*, was die weltweit drittgrößte IT-Akquisition darstellte und eine Erweiterung der *IBM* Cloud-Services für das Entwicklungsumfeld bedeutete.[131]

3.3.3 Investitionsbereiche der Anbieter

Die Geschäftsstrategien der Anbieter zeigen, dass eine kundenorientierte Weiterentwicklung des bestehenden Produktportfolio sowie die Einführung neuer innovativer Dienste ausschlaggebend für die Konkurrenzfähigkeit eines Unternehmens sind. Dies bestätigt eine Studie der *International Data Corporation* (IDC) aus dem Jahre 2018, bei der weltweit 500 Provider zu aktuellen und vergangenen Investitionsbereichen befragt wurden:

---

[128] Vgl. BITKOM 2018, S. 34
[129] Vgl. IDC 2018, S. 20
[130] Vgl. GBS 2009, S. 8
[131] Vgl. Red Hat Ltd. 2018

>55 %	>45 %	>40 %
Security	Social-Media-verbundene Geschäftsprozesse	Internet-of-Things-Plattformen
Cloud-basierte Infrastruktur	Serverless Computing	Governance Tools
Customer-Experience-Management-Systeme	Open-Source-System: Kubernetes (K8s)	Blockchain
Mobile Plattformen & Applikationen	Container-as-a-Service (CaaS)	Robotics
Data Mining & Analytics Daten-Integration-Plattformen		Wearables
Künstliche Intelligenz & Machine Learning		3D-Druck

Abbildung 15 Investitionsbereiche der Anbieter nach Anzahl der Anbieter in % [132]

Das Resultat zeigt, dass die Investitionen in etablierte Services höher sind als die in neu entstehende Dienste, was auf die aktuell höhere Kundennachfrage zurückzuführen ist. Man erhofft sich, durch Fortschritte in den Gebieten IaaS und PaaS die angebotenen Dienstleistungen aufgrund von Skaleneffekten zu einem attraktiveren Preis offerieren zu können, trotz Beibehaltung der aktuellen Margen.[133] Nichtsdestotrotz wird die Unterstützung bestehender Leistungen mittels innovativer Technologien von den Anbietern als unerlässlich angesehen, sodass bereits heute erste Tools, unterstützt durch künstliche Intelligenz, für Analyse- und Monitoring-Zwecke existieren. Ein Beispiel hierfür ist der Atos Virtual Assistant oder IBMs Watson, die automatisierte Service-Desk-Funktionen wie die Beantwortung und Bearbeitung von Tickets anbieten.[134]

---

[132] Eigene Darstellung in Anlehnung an IDC 2018
[133] Vgl. IDC 2018
[134] Vgl. Karlstetter 2017

4 Cloud Computing in der Zukunft

Nachfolgend sollen nun die identifizierten Markttrends und Präferenzen der Kunden zusammengefügt werden, um Prognosen zur zukünftigen Entwicklung des Cloud Computing abgeben zu können. Dabei werden zuerst interessante Märkte und die verfolgten Strategien der Cloud-Provider aufgezeigt. Im zweiten Schritt erfolgt eine Beschreibung der Cloud der Zukunft sowie der Dienstleistungen, die in Zukunft das größte Ertragspotential bieten.

4.1 Zukünftige Marktentwicklung

Die Analyse zeigt, dass Cloud Computing sich als der Motor der digitalen Transformation für Unternehmen verschiedenster Branchen (s. Kapitel 3.2) erwiesen hat, infolgedessen auch in Zukunft die Umsatzzahlen für Cloud-Lösungen steigen werden. Dabei ist die Erschließung neuer Märkte, insbesondere im asiatisch-pazifischen Raum, einer der wesentlichen Treiber der prophezeiten Entwicklung. Aktuell besitzen lediglich 55 % der dort ansässigen Unternehmen eine Cloud-basierte Infrastruktur, wovon rund 80 % auf eine Private Cloud als Betriebsmodell setzen. Durch die zunehmende Erschaffung benötigter Rahmenbedingungen sowohl auf politischer als auch infrastruktureller Ebene (s. Kapitel 3.1) werden die Investitionen, allen voran in Public-Cloud-Konzepte, expandieren. Dabei wird Japan die Rolle des Pioniers einnehmen, da es den anderen Ländern in der Adaption von Cloud-Lösungen einen Schritt voraus ist und dort niedergelassene Unternehmen bereits heute eine Nutzungsrate von ca. 80 % aufweisen.[135] Daneben wird auch ein weiteres Wachstum der Unternehmensausgaben in Europa und Amerika vorausgesagt. Die Unternehmen wissen um die Wichtigkeit des Cloud Computing in dem vorherrschenden Veränderungsprozess und profitieren vermehrt von den Möglichkeiten und Mehrwerten der Technologie, sodass sie ihre Ausgaben erhöhen werden. Hinzu kommt die Erweiterung der Service-Kataloge der Provider, welche neue innovative Dienstleistungen (CaaS, K8s, KI et cetera) beinhalten, die eine folgenreiche Modernisierung der alternden Kerngeschäftsapplikationen ermöglichen.[136] Dementsprechend prognostiziert *Gartner*, dass der Public-Cloud-Service bis 2025 weiterhin steigen wird.[137]

---

[135] Vgl. IDC 2018; Forrester 2018
[136] Vgl. Forrester 2018
[137] Vgl. Gartner 2018

Die dargestellte Marktentwicklung führt auch zukünftig zu einem starken Wettkampf und einer hohen Dynamik innerhalb des Marktes. Durch die Expansion des chinesischen Unternehmens Alibaba wird der Konkurrenzkampf um die Marktanteile in Europa und Amerika noch verschärft. Somit dringt ein weiteres milliardenschweres IT-Unternehmen in den Cloud-Computing-Markt ein. Die Stärken der Alibaba Cloud liegen vor allem in dem Datenschutz und der Sicherheit, sodass sie als erste Plattform den höherwertigen Anforderungen des C5-Testats des Bundesamtes für Sicherheit in der Informationstechnik (BSI) gerecht wurde.[138] Aufgrund der Expansion von *Alibaba* kann man davon ausgehen, dass die Wahrscheinlichkeit einer Akquisition eines Anbieters im Bereich Security durch *AWS* und *Microsoft* erhöht wird, da sie in der Vergangenheit Datenverluste durch Fehlkonfigurationen verzeichnen mussten. Allgemein wird der Trend strategischer Partnerschaften und Akquisitionen auch in den nächsten Jahren den Markt prägen, da die konkurrierenden Anbieter (*AWS, Microsoft, IBM, Google, Alibaba* et cetera) weitere Alleinstellungsmerkmale und Vorteile für ihre Cloud-Plattform anstreben, um neue Kundengruppen für sich zu gewinnen. Kleinere Unternehmen hingegen werden sich auf einzelne Dienste fokussieren und Nischen bedienen, was zu einer hohen Anzahl von Markteintritten aufgrund weiteren Marktwachstums führen wird.[139]

4.2 Cloud der Zukunft

Die dargestellte Entwicklung des Cloud-Computing-Marktes zeigt, dass die Technologie eine weltweite, branchenübergreifende Akzeptanz erreicht hat und einen hohen Reifegrad in den klassischen Services vorweisen kann. Durch die Flexibilität, Skalierbarkeit, Agilität und Konnektivität dient sie bereits heute als Produktions- und Bezugsmodell der IT und wird zunehmend mit innovativen Technologien und Services angereichert, sodass sich das Portfolio der Provider stetig erweitert. Allerdings sind nicht alle dieser Konzepte ausgereift, sondern haben vor allem in deren Verwaltung durchaus Optimierungsbedarf, was auf deren frühes Marktstadium zurückzuführen ist.[140]

---

[138] Vgl. Karlstetter 2018
[139] Vgl. IDC 2018; Forrester 2018
[140] Quelle

Nachfolgend sollen die wichtigsten zukünftigen Produktentwicklungen der Cloud erläutert und ihr jeweiliger aktueller Entwicklungsstatus aufgezeigt werden. Zur Veranschaulichung des Reifegrades der Technologien (x-Achse) und der Erwartungen der Kunden (y-Achse) werden diese in dem *Gartner* Hype-Cycle, der in fünf verschiedene Phasen eingeteilt ist, eingeordnet.

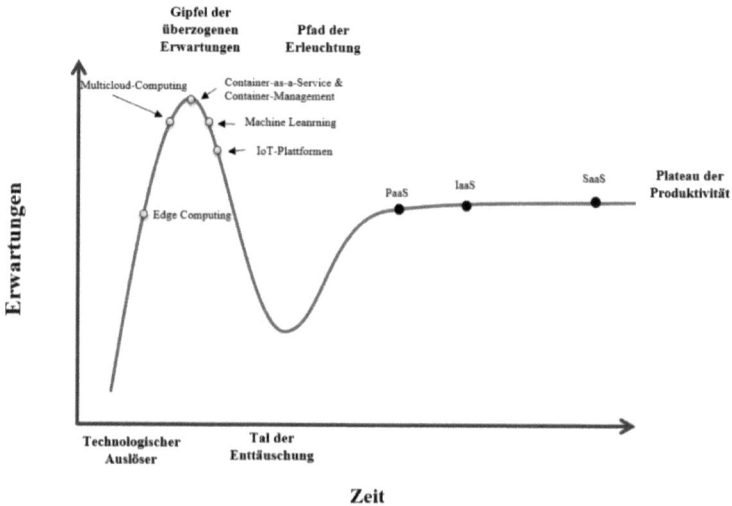

Abbildung 16 Hype-Cycle Cloud Computing[141]

Die Technologie des **Edge Computing** befindet sich in der frühen Markteinführungsphase und beschreibt eine Computing-Topologie, die den Aufbau einer Plattform für die Integration von Cloud-Computing-Funktionen in Telekommunikationsnetze als definiertes Ziel hat.[142] Der zunehmende mobile Datenverkehr sowie der Druck zur Senkung der Kosten zwingen Telekommunikationsanbieter dazu, ihren Netzwerkbetrieb, ihre Ressourcennutzung und Preisstruktur zu optimieren. Edge Computing soll dabei helfen und insbesondere die Einführung neuer umsatzgenerierender Anwendungen verkürzen, aber auch in anderen Bereichen der Wirtschaft zu Verbesserungen führen. Insbesondere im produzierenden Gewerbe könnte durch eine bessere Vernetzung der Akteure der Wertschöpfungskette die Geschäftstransformation vorangetrieben werden.[143] Aus technischer Sicht werden

---

[141] Eigene Darstellung in Anlehnung an Gartner Hyper Cycle 2018
[142] Vgl. Babou 2018, S. 1 ff.
[143] Vgl. Hu 2015, S. 5

die oben beschriebenen Effekte durch den technologischen Fortschritt, der zu einer Verringerung der Latenzzeiten, einer Reduzierung unnötigen Datenverkehrs sowie einer Datenverdünnung für komplexe Medientypen und Rechenlasten führt, ermöglicht. Demnach stellt Edge Computing auch eine Bereicherung für innovative Märkte wie Augmented Reality oder vernetze Automobile dar, da es einen effizienteren Datenaustausch ermöglicht.[144]

Bei einer **Multi Cloud** handelt es sich um einen Spezialfall der Hybrid Cloud. Sie bietet wie alle anderen Cloud-Betriebsmodelle eine dynamische technische Umgebung, in der selbst KMUs günstig und flexibel eine Vielzahl innovativer IT-Dienstleistungen beziehen können. Trotz dieser Vielfalt bei den bestehenden Cloud-Geschäftsmodellen und -Technologien sind diese von kritischen Problemen gekennzeichnet, wie z.B. der Heterogenität zwischen den Anbietertechnologien und der mangelnden Interoperabilität zwischen den Clouds. Dies führt zu drei Herausforderungen für die Anwender:[145]

- **Vendor Lock**-in – Die Bestimmung eines Cloud-Anbieters sowie die frühzeitige Festlegung auf ein Bereitstellungsmodell durch den Kunden können zu Problemen in späteren Phasen bspw. einer Softwareentwicklung führen.

- **Risikomanagement** – Der Wechsel in die Cloud bringt Gefahren, insbesondere bei der Migration der Systemlandschaft, mit sich. Des Weiteren existieren Risiken bei der Entscheidung über ein Zahlungsmodell, der Ausgestaltung des Vertrages in Hinblick auf Qualitätseinhaltung und der allgemeinen Sicherheit.

- **Qualitätskontrolle** – Die Cloud-Leistung kann zu jedem Zeitpunkt variieren, sodass trotz vertraglich geregelter SLAs Nichtverfügbarkeitsprobleme auftreten (z.B. Amazon-EC2- und Microsoft-Office-365-Ausfälle im Jahr 2011).

Die o.g. Probleme können gelöst werden, indem Unternehmen die Möglichkeit besitzen, ihre Anwendungen für mehrere Clouds zu entwickeln. An diesem Punkt kommt die Multi Cloud zum Einsatz, da sie ein Bereitstellungsmodell darstellt, dass die Nutzung mehrerer Clouds ermöglicht. Demzufolge führt sie zu einem höheren Verfügbarkeitsniveau, einer geringeren Abhängigkeit an einen einzelnen Anbieter sowie der Schaffung einer Cloud, die die bestmögliche Verwendung angebotener

---

[144] Vgl. Gartner 2018
[145] Vgl. Nitto 2017, S. 3 ff.

Services ermöglicht. Allerdings müssen die Provider zuerst klare Standards definieren und interoperable Clouds und Services anbieten.[146]

IoT-Plattformen sind Softwareprodukte, die eine Vernetzung mit smarten Geräten und deren Verwaltung, einschließlich der dazugehörigen Infrastruktur, ermöglichen, wodurch die Integration von operativen Daten und die Steuerung von Geschäftsprozessen erfolgen kann. Darüber hinaus simplifizieren sie den Entwicklungs-, Vernetzungs-, Kontroll- und Erfassungsprozess von Informationen der im Netzwerk enthaltenen Geräte. Demzufolge decken IoT-Plattformen folgende Leistungsmerkmale ab:[147]

- **Connect** – Verbindungsherstellung und -steuerung eines Gerätes mit dem Internet
- **Secure** – Schutzfunktion für Daten, Anwendungen, Verbindungen und Identität
- **Manage** – Verwaltung von Betrieb, Wartung Kauf der mit der IoT-Plattform verbundenen Geräte
- **Analyze** – Analyse und Transformierung erhobener Daten in relevante Informationen
- **Build** – Kreation einer Applikations- und Datenintegrationsplattform für IoT-Dienste

In Zukunft werden Produkte und Dienstleistungen vermehrt mit IoT-Fähigkeiten erweitert, um Produktverbesserungen durch die Analyse der erhobenen Daten zu ermöglichen. Als Effekt erwarten Unternehmen, agiler auf die sich schnell wandelnden Anforderungen der Kunden reagieren zu können. Allerdings ist die Effektivität dieser Technologie bis heute aufgrund mangelnder Konnektivität, fehlender Verwaltungssysteme sowie Governance-Prozesse gering. Durch die IoT-Plattformen sollen diese Probleme gelöst werden, indem sie als Vermittler zwischen dem Produkt und den IT-Systemen der Unternehmen fungieren. Folglich sollen die Einführung neuer digitaler Geschäftsinnovationen sowie die digitale Transformation innerhalb des Unternehmens erleichtert werden.[148]

---

[146] Vgl. Gartner 2018
[147] Vgl. Tschirner 2006, S. 357
[148] Vgl. Gartner 2018; Forrester 2018

Machine Learning bildet eine technische Disziplin, die auf die Lösung von Geschäftsproblemen, insbesondere im Bereich der Produktion, abzielt. Dazu werden mathematische Modelle verwendet, welche erhobene Daten von Maschinen und vorherrschende Bedingungen analysieren und auf Basis dieser automatisierten Optimierungen vornehmen. Wie in Kapitel 3.2 dargestellt, ist die Nutzung von Cloud Computing im produzierenden Gewerbe überdurchschnittlich, sodass die Implementierung von Machine-Learning-Diensten per Cloud für die Anbieter ein großes Ertragspotential darstellt. Die Unternehmen versprechen sich durch den Einsatz dieses Konzepts, dass die Probleme des wachsenden Datenvolumens und der zunehmenden Komplexität in der Produktion, die mithilfe konventioneller technischer Ansätze nicht gelöst werden können, bewältigt werden können. Es soll ein eigenständiger Lernprozess der Maschinen entstehen, der zu einer Optimierung der Lieferkette, einer Ressourcenoptimierung und einer anwachsenden Automatisierung verhilft, sodass das produzierende Gewerbe eine höhere Produktivität verzeichnen kann.[149]

---

[149] Vgl. Gartner 2018

5 Fazit

Die Analyse des Cloud Computing hat wiederholt die Wichtigkeit der Technologie sowie die Notwendigkeit der Adaption zur Erhaltung der Wettbewerbsfähigkeit heutiger Unternehmen herausgestellt. Dabei konnten anhand der Entwicklung und des Status quo Tendenzen innerhalb der Bereiche Markt, Kunden und Anbieter identifiziert werden.

Die Marktentwicklung des Cloud Computing verlief paradigmatisch für eine disruptive Technologie wie die des Cloud Computing. Nach anfänglichen Schwierigkeiten und geringer Akzeptanz seitens der Kunden konnte ein rasantes Wachstum verzeichnet werden, und auch in den nächsten Jahren soll das Marktvolumen deutlich zunehmen. Die vorliegende Arbeit konnte als wesentliche Treiber das attraktive nutzungsabhängige Zahlungsmodell, die Möglichkeit zur kostengünstigen Implementierung von konventionellen IT-Systemen sowie die Fähigkeit, flexibler auf sich wandelnde Marktbegebenheiten und Kundenanforderungen zu reagieren, identifizieren und herausarbeiten. Die dargestellten Mehrwerte wurden mit zunehmendem Reifegrad der Technologie transparenter, sodass heute etwa 70 % der Unternehmen unterschiedlicher Größenklasse und Branchen Cloud-Lösungen verwenden. Um die Vorteile beider Bereitstellungmodelle, Public und Private Cloud, zu genießen, tendieren die Anwender zur Nutzung beider Konzepte, also einer sogenannten Hybrid Cloud. So profitieren die Nutzer von der Möglichkeit, sicherheitskritische Geschäftsapplikationen auf der Plattform einer Private Cloud, die eine höhere Datensicherheit aufweisen kann, abzubilden und eine Public Cloud für die Verteilung von Software und die allgemeine Kollaboration zu verwenden. Unabhängig von dem Bereitstellungsmodell finden insbesondere klassische Cloud-Services (IaaS, PaaS und SaaS) Einsatzbereiche in den Unternehmen. Weiterhin konnte festgestellt werden, dass die Hauptkriterien bei der Auswahl eines Cloud-Providers die allgemeine Sicherheit der Cloud, die Breite der offerierten Dienstleistungen und der Erfahrungsstand des jeweiligen Anbieters sind, infolgedessen allem voran etablierte Anbieter wie AWS, Microsoft, IBM, Google und Alibaba in Betracht kommen.

Die aufgeführten Unternehmen stellen die aktuellen Marktführer dar, deren aller Strategie es ist, mittels kundenorientierter Produktentwicklung und strategischer Akquisitionen ihre Marktanteile auszubauen. In Zukunft wird die weitere Erschließung asiatischer Märkte erfolgen, speziell Chinas, das durch das Fehlen politischer Vorgaben und das Vorhandensein der benötigten IT-Infrastruktur eine großes Ertragspotential hat. Hinzu kommt das weiterhin bestehende Wachstumspotential im europäischen und amerikanischen Raum, bei denen ein Großteil der Unternehmen den nächsten Schritt in die Cloud wagen und die neue Technologie dazu nutzen möchte, um alternde Kerngeschäftsapplikationen grundlegend zu modernisieren. Essenziell wird hierbei die Schaffung von Interoperabilität zwischen den verschiedenen Cloud-Plattformen der Anbieter sein, was auch Multi-Cloud Computing genannt wird und den nutzenden Unternehmen die Entwicklung von Cloud-übergreifenden kompatiblen Applikationen ermöglicht. Durch die Realisierung dieser Vorhaben wird die Cloud das alternativlose IT-Produktions- und Bezugsmodell der Zukunft sein, sodass die Inanspruchnahme neuer innovativer Dienstleistungen im Kontext von bspw. Machine Learning, IoT und Edge Computing in den Fokus der Anwender gerät.

Literaturverzeichnis

Alam, M. (2017). Cloud Computing: Issues and future direction. Abgerufen am15. Januar 2019, von: <https://www.researchgate.net/publication/315929477_Cloud_computing_Issues_and_future_direction>.

Babou, C. S. M., Fall, D., Kashihara, S., Niang, I., & Kadobayashi, Y. (2018). Home Edge Computing (HEC): Design of a New Edge Computing Technology for Achieving Ultra-Low Latency. In International Conference on Edge Computing (pp. 3-17). Springer.

Bain, J. S. (1956). Barriers to new competition (Vol. 3, p. 55). Cambridge, MA: Harvard University Press.

Baun, C., Kunze, M., Nimis, J., & Tai, S. (2011). Cloud computing: Web-based dynamic IT services. Springer Science & Business Media.

Bedner, M. (2013). Cloud Computing: Technik, Sicherheit und rechtliche Gestaltung (Vol. 14). Kassel University Press GmbH.

Benlian, A., Hess, T., Buxmann, P. (2010). Chancen und Risiken des Einsatzes von SaaS—die Sicht der Anwender. Wirtschaftsinformatik und Management 2.2: 23-32.

Bennett, K., Layzell, P., Budgen, D., Brereton, P., Macaulay, L., & Munro, M. (2000). Service-based software: the future for flexible software. In Software En- gineering Conference, 2000. APSEC 2000. Proceedings. Seventh Asia-Pa- cific (pp. 214-221). IEEE.

Bitkom - Bundesverband Informationswirtschaft Telekommunikation und neue Medien e.V. (2013). Cloud Computing – Evolution in der Technik, Revolution im Business. Abgerufen am 15. Januar, 2019, von: <https://www.cloud-fin- der.ch/fileadmin/Dateien/PDF/Sonstige/BITKOM-Leitfaden-CloudCompu- ting_Druck.pdf>.

Bitkom - Bundesverband Informationswirtschaft Telekommunikation und neue Medien e.V. (2013). Wie Cloud Computing neue Geschäftsmodelle ermöglicht – Leitfaden. Abgerufen am 15. Januar, 2019, von: <https://www.Bitkom.org/si- tes/default/files/pdf/noindex/Publikationen/2014/Leitfaden/Wie-Cloud-Compu- ting-neue-Geschaeftsmodelle-ermoeglicht/140203-Wie-Cloud-Computing- neue-Geschaeftsmodelle-ermoeglicht.pdf>.

Bitkom - Bundesverband Informationswirtschaft Telekommunikation und neue Medien e.V. (2018). Abgerufen am 15. Januar, 2019, von: <https://www.bit-kom-research.de/Presse/Pressearchiv-2018/Zwei-von-drei-Unternehmen-nut-zen-Cloud-Computing>.

Blenkhorn, D. L., & Fleisher, C. S. (Eds.). (2005). Competitive intelligence and global business. Greenwood Publishing Group.

Böhm, M., Leimeister, S., Riedl, C., & Krcmar, H. (2009). Cloud Computing: Outsourcing 2.0 oder ein neues Geschäftsmodell zur Bereitstellung von IT-Ressourcen?. IM-Fachzeitschrift für Information Management und Consulting, 24, S-6.

Bower, J. L., Christensen, C. M. (1995). Disruptive technologies: catching the wave. 43-53.

Bräuninger, M., Haucap, J., Stepping, K., & Stühmeier, T. (2012). Cloud Computing als Instrument für effiziente IT-Lösungen (No. 71). HWWI policy paper.

Brennscheidt, K (2013). Cloud Computing und Datenschutz. Nomos Verlagsgesellschaft mbH & Co. KG

Broda, S. (2006). Marktforschungs-Praxis: Konzepte, Methoden, Erfahrungen. Gabler Verlag.

Buyya, R., Yeo, C. S., & Venugopal, S. (2008, September). Market-oriented cloud computing: Vision, hype, and reality for delivering it services as computing utilities. In High Performance Computing and Communications, 2008. HPCC'08. 10th IEEE International Conference on (pp. 5-13). Ieee.

Christensen, C. (2013). The innovator's dilemma: when new technologies cause great firms to fail. Harvard Business Review Press.

Christensen, C. M., Raynor, M. E., & McDonald, R. (2015). What is disruptive innovation. Harvard Business Review, 93(12), 44-53.

Clavell, J. (2006). Sunzi: Die Kunst des Krieges. In Das Summa Summarum des Erfolgs (pp. 77-87). Gabler.

Cohen, J. (2009). Graph twiddling in a mapreduce world. Computing in Science & Engineering, 11(4), 29-41.

Crisp Research AG (2017). Cloud Computing – Vendor & Service Provider Comparison. Abgerufen am 15. Januar, 2019, von: <https://www.researchgate.net/publication/315929477_Cloud_computing_Issues_and_future_direc- tion>.

Crisp Research AG (2018). Cloud Orchestration Excellence. Abgerufen am 15. Januar, 2019, von: <https://www.plusserver.com/ps-files/locked/studie-cloud- orchestration-de_de.pdf>.

Daschug GmbH (2018). Abgerufen am 15. Januar, 2019, von: <https://www.datenschutz-grundverordnung.eu/grundverordnung/art-99-eu-dsgvo/>.

Deutsches Institut für Wirtschaftsforschung e.V. (DIW Berlin) (2010). Cloud-Computing: Großes Wachstumspotenzial. Abgerufen am 15. Januar, 2019, von: <https://www.diw.de/documents/publikationen/73/diw_01.c.364145.de/10-48- 3.pdf.>.

Di Nitto, E., Matthews, P., Petcu, D., & Solberg, A. (Eds.). (2017). Model- Driven Development and Operation of Multi-Cloud Applications: The MODAClouds Approach. Springer.

Domsch, M. E., Ladwig, D. H., & Siemers, S. H. (1995). Innovation durch Par- tizipation: eine erfolgversprechende Strategie für den Mittelstand. Schäffer-Po- eschel.

European Telecommunications Standards Institute (ETSI) (2015). Abgerufen am 15. Januar, 2019, von: <https://www.etsi.org/images/files/ETSIWhitePa- pers/etsi_wp11_mec_a_key_technology_towards_5g.pdf>.

Finch, C. (2006). The benefits of the software-as-a-service model. Computerworld Management, 2. Abgerufen am 14. Januar, 2019, von: <http://www.com- puterworld.com/s/article/107276/The_Benefits_of_the_Software_as_a_Ser- vice_ Model.>.

Forrester Research (2018). Predictions 2019: Cloud Computing. Abgerufen am 15. Januar, 2019, von: <https://www.forrester.com/report/Predictions+2019+Cloud+Computing/-/E-RES144740?RegId=1-WMA0VN&ob- jec- tid=RES144740>.

Foster, I., Zhao, Y., Raicu, I., & Lu, S. (2008). Cloud computing and grid computing 360-degree compared. In Grid Computing Environments Workshop, 2008. GCE'08 (pp. 1-10). Ieee.

Foster, I., Kesselman, C. (2003). The grid: blueprint for a new computing infrastructure. (2. Auflage). Amsterdam: Morgan Kaufmann.

Fraunhofer-Gesellschaft zur Förderung der angewandten Forschung e.V. (2018). Abgerufen am 15. Januar 2019, von: <https://www.ipa.fraunhofer.de/de/Kompetenzen/kompetenzzentrum-digitale-werkzeuge-in-der-pro- duktion/cloud-plattformen/everything-as-a-service--xaas.html>.

Fraunhofer-Gesellschaft zur Förderung der angewandten Forschung e.V. (2018). Abgerufen am 15. Januar, von: <https://www.cloud.fraunhofer.de/de/faq/cloud.html>.

Freiberger, P., Swaine, M. (2000). Fire in the valley: the making of the personal computer. (2. Auflage). New York: McGraw-Hill.

Freibichler, W. (2006). Competitive Manufacturing Intelligence- Systematische Wettbewerbsanalyse zur Entscheidungsunterstützung in strategischen Produkti- onsmanagement der Automobilindustrie. Wiesbaden: Springer.

Freytag-Lörinhoff, B. V., F. SECK. (2002). Wilhelm Schickards Tübinger Rechenmaschine von 1623. Tübingen.

Ganswindt, T. (Ed.). (2004). Innovationen: Versprechen an die Zukunft. Hoffmann und Campe.

Gartner Inc. (2018). Cloud Computing – Hype Cycle. Abgerufen am 15. Januar, 2019, von: <https://www.gartner.com/document/3884671>.

Gassmann, O. und Bader, M.A. (2011). Patentmanagement. Innovationen erfolgreich nutzen und schützen. Berlin, Heidelberg: Springer.

Goldstine, H. A. (1946). The electronic numerical integrator and computer (ENIAC). Mathematical Tables and Other Aids to Computation:97-110.

Haas, A., Hofmann, A. (2013). Risiken aus Cloud-Computing-Services: Fragen des Risikomanagements und Aspkete der Versicherbarkeit. Abgerufen am 15. Januar, 2019, von: <https://www.econstor.eu/bitstream/10419/88163/1/772774323.pdf>.

Hilber, M., et. al. (2014). Handbuch Cloud Computing. Verlag Dr. Otto Schmidt.

Hofmann, G. R., Alm, W. (2012). Beratungskonzepte für Cloud Computing – Trends im Software- und Servicemarkt. Abgerufen am 15. Januar, 2019, von: <http://www.imi.bayern/wp-content/uploads/2016/04/MKWI-2012_FG- SWSM-Tagungsband.pdf>.

Hu, Y. C., Patel, M., Sabella, D., Sprecher, N., & Young, V. (2015). Mobile edge computing—A key technology towards 5G. ETSI white paper, 11(11), 1-16.

Information Services Group Germany GmbH (2011). Abgerufen am 15. Januar, 2019, von: <http://research.isg-one.de/research/ict-news-dach/news/hosting- markt-im-umbruch.html>.

International Business Machines Corporation (IBM) (2009). Business Strategy for Cloud Providers – The Case for Potential Cloud Service Providers. Abgeru- fen am 15. Januar, 2019, von: <https://s3-us-west-2.amazonaws.com/itworldca- nada/archive/Documents/whitepaper/ITW157B_BusinessStretegyForCloud- Providers.pdf>.

International Data Corporation (2018). Europe IT Services Market in 3Q18 and the Outlook for 2019. Abgerufen am 15. Januar, 2019, von: <https://w3.ibm.com/marketing/bluemine/view/4593>.

Kaschny, M., Nolden, M., Schreuder, S. (2015) Innovationsmanagement im Mittelstand. Strategien, Implementierung, Praxisbeispiele. Wiesbaden: Springer.

Knack, R. (2006). Wettbewerb und Kooperation: Wettbewerbsorientierung in Projekten radikaler Innovation. Wiesbaden: Gabler.

Koenen, J. (2011). Abgerufen am 15. Januar, 2019, von: <https://www.handelsblatt.com/technik/it-internet/special-cloud-computing/zukunftstrend-cloud- computing-die-riskante-milliardenwette-der-it-konzerne/4256172.html?ti- cket=ST-209852-gzbNykhamM4Matw9ky4q-ap1>.

KPMG AG Wirtschaftsprüfungsgesellschaft. (2017). Journey to the Cloud – The creative CIO Agenda. Abgerufen am 15. Januar, 2019, von: <https://assets.kpmg.com/content/dam/kpmg/xx/pdf/2017/02/the-creative-cios-agenda- journey-to-cloud.PDF>.

Lissen, N., Brünger, C., Damhorst, S. (2014). Normen und Standards im Cloud-Computing. IT-Services in der Cloud und ISAE 3402. Springer Gabler: Berlin, Heidelberg. 37-79.

Lux, L., Peske, T. (2002). Competitive Intelligence und Wirtschaftsspionage. Analyse, Praxis, Strategie. (1. Auflage). Wiesbaden: Gabler.

Markets and Markets Research Private Ltd (2018). Cloud Infrastructure Services - Global Forecasts to 2023. Abgerufen am 15. Januar, 2019, von: <https://www.mnmks.com/reportviewer>.

Marston, S., Li, Z., Bandyopadhyay, S., Zhang, J., & Ghalsasi, A. (2011). Cloud computing—The business perspective. Decision support systems, 51(1), 176- 189.

McAfee Germany GmbH (2017). Building Trust in a Cloudy Sky – The state of cloud adoption and security. Abgerufen am 15. Januar, 2019, von: <https://www.mcafee.com/enterprise/en-us/assets/executive-summaries/es- building-trust-cloudy-sky.pdf>.

McKendrick, J. (2013). Abgerufen am 15. Januar, 2019, von: <https://www.forbes.com/sites/joemckendrick/2013/03/24/10-quotes-on-cloud-computing-that- really-say-it-all/#7eae8b507f6c>.

Michaeli, R. (2006). Competitive Intelligence. Strategische Wettbewerbsvorteile erzielen durch systematische Konkurrenz-, Markt- und Technologieanalyse. Heidelberg: Springer.

Murphy, C. (2005). Competitive Intelligence: Gathering, Analysing, and Putting it to Work. Burlington: Grower.

Pepel, W. (2007). Market Intelligence. Moderne Marktforschung für Praktiker. Auswahlverfahren, Datenerhebungen, Datenauswertung, Praxisanwendungen und Marktprognosen. Erlangen: Publicats.

Pfaff, D. (2005). Competitive Intelligence in der Praxis - Mit Informationen über Ihre Wettbewerber auf der Überholspur. Frankfurt: Campus.

Pierre Audoin Consultants (PAC) (2016). CxO 3000 – Investment Priorities. Abgerufen am 15. Januar, 2019, von: <https://ibm.northernlight.com/document.php?trans=view&docid=IA20170308010000745&da - tasource=IBM&context=BNES>.

Red Hat Limited (2018). Abgerufen am 15. Januar, 2019, von: <https://www.redhat.com/de/partners/strategic-alliance/red-hat-and-ibm>.

Reinheimer, S. (2016). Cloud Computing. Springer – Die Infrastruktur der Digitalisierung. Wiesbaden: Springer.

Rittinghouse, J. W., Ransome, J. F. (2010). Cloud Computing. Implementation, Management, and Security.

Rojas, R. 1997. Konrad Zuse's legacy: the architecture of the Z1 and Z3. IEEE Annals of the History of Computing 19 (2):5-16.

Romppel, A. (2006). Competitive Intelligence. Konkurrenzanalyse als Navigationssystem im Wettbewerb. Berlin: Cornelsen.

Sax, U., et. al. (2007). Grid-basierte Services für die elektronische Patientenakte der Zukunft. Grid-basierte Services für die elektronische Patientenakte der Zu- kunft. E-Health-Com, 61-63.

Schumpeter, J. A. (1950). Capitalism, Socialism, and Democracy &e 3rd Ed.

Sharp, S. (2009). Competitive Intelligence Advantage: How to minimize Risk, avoid Surprises and grow your Business in a changing World. New Jersey: Wiley.

Steinmetz, P. & Weis, H. (2008). Marktforschung. Modernes Marketing für Studium und Praxis. (7. Auflage). Ludwigshafen: Friedrich Kiehl.

Synergy Research Group (2018). Abgerufen am 16. Januar, 2019, von: <https://de.statista.com/infografik/13675/cloud-basierter-it-dienstleistungen- nach-weltweitem-marktanteil/>.

Telekom Deutschland GmbH & Pierre Audoin Consultants (PAC) GmbH (2012). Cloud Computing im Mittelstand: Wie Unternehmen vom neuen IT- Trend profitieren können. Abgerufen am 15. Januar, 2019, von: <https://geschaeftskunden.telekom.de/blobCache/umn/uti/325934_1493192035000/blob- Binary/cloud-computing-im-mittelstand.pdf>.

Trommsdorff, V., Steinhoff, F. (2013). Innovationsmarketing. Vahlen.

Tschirner, C. (2016). Tag des System Engineering: (Print on-demand). Hanser: München.

Vahs, D., Burmester, R. (2002). Innovationsmanagement. Schäffer-Poeschek.

Vaquero, L. M. (2008). A break in the clouds: towards a cloud definition. ACM SIGCOMM Computer Communication Review. 50-55.

Vogel IT-Medien GmbH (2017). Abgerufen am 15. Januar, 2019, von: <https://www.cloudcomputing-insider.de/so-hilft-kuenstliche-intelligenz-bei- der-cloud-optimierung-a-644283/>.

Vogel IT-Medien GmbH (2018). Abgerufen am 15. Januar, 2019, von: <https://www.cloudcomputing-insider.de/das-angebot-von-alibaba-cloud-in- deutschland-a-713792/>.

Wagner, K. & Käfer, R. (2008). Prozessorientiertes Qualitätsmanagement: PQM; Leitfaden zur Umsetzung der neuen ISO 9001. Neu: Rollen im prozessorientierten Qualitätsmanagement. (4. Auflage). München: Hanser.

Wagner, R. & Michaeli, R. (2009). Competitive Intelligence. In Litzcke, S. & Müllernbergs, H. (Hrsg). Sicherheit in Organisationen. Frankfurt: Verlag für Polizeiwissenschaft.

Weinhardt, C., et. al. (2009). Cloud-computing. Wirtschaftsinformatik, 51(5), 453-462.

Youseff, L., Butrico, M., Da Silva, D. (2008). Toward a unified ontology of cloud computing. Grid Computing Environments Workshop, 2008. GCE'08.

Anhang

Kriterien	AWS	IBM Cloud	Microsoft Azure
Maximum Processors in VM	128	56	128
Maximum memory in VM (GiB)	3904	242	3800
Maximum memory in VM (GiB)	3904	242	3800
Operating Systems supported	Windows, SLES, CentOS, CoreOS, OpenSUSE, RHEL, CloudLinux, Debian, FreeBSD, Ubuntu, Oracle Linux	Windows, CentOS, CoreOS, RHEL, CloudLinux, Debian, FreeBSD, Ubuntu,	Windows, SLES, CentOS, CoreOS, OpenSUSE, RHEL, Debian, FreeBSD, Ubuntu, Oracle Linux
SLA Availability	Amazon S3: Monthly uptime of at least 99.9% for any billing cycle. Amazon EC2:99.95% annual uptime in service year.	100% Uptime for Private & Public Network, Customer Portal and redundant infrastructure	99.9% Uptime
Marketplace	AWS Marketplace	IBM Marketplace	Azure Marketplace
COMPUTE			
Scalability	AWS Auto Scaling	Auto Scaling	Azure Autoscaling, Virtual Machine Scale Sets, Azure App Service Scale Capability (PaaS)
Virtual Servers	Elastic Compute Cloud (EC2) Instances,Amazon LightSail	IBM Virtual Servers	Azure Virtual Machines, Azure Virtual Machines & Images
Backend process logic	-	-	Web Jobs

58

Kriterien	AWS	IBM Cloud	Microsoft Azure
Container Instances	EC2 Container Service (ECS), EC2 Container Registry	IBM Cloud Container Service	Azure Container Service (AKS), Azure Container Registry
Container Orchestrators/ Microservices	Elastic Container Service for Kubernetes (EKS)	IBM Cloud Container Service	Azure Container Service (AKS), Service Fabric, Azure Container Service (ACS)
Batch Computing	AWS Batch	–	Azure Batch
Serverless	Lambda, Lambda @ Edge	IBM Cloud Functions	Azure Functions, Azure Event Grid
STORAGE			
Object storage	Simple Storage Services (S3)	IBM Cloud Object Storage	Azure Storage
Shared file storage	Elastic File System	File Storage	Azure Files
Virtual Server disk infrastructure	Elastic Block Store (EBS)	Block Storage	Azure Storage Disk
Archiving – cool storage	S3 Infrequent Access (IA)	Object Storage	Azure Storage – Standard Cool
Archiving – cold storage	S3 Glacier		Azure Storage – Standard Archive
Hybrid Storage	Storage Gateway	Backup Storage	StorSimple
Backup	–	–	Azure Backup
Data transfer	AWS Import/Export Disk, AWS Import/Export Snowball, AWS Snowball Edge, AWS Snowmobile	Data Transfer Service	Import/Export, Azure Data Box
Disaster Recovery	AWS Disaster Recovery	–	Site Recovery

Kriterien	AWS	IBM Cloud	Microsoft Azure
DATABASE			
Relational Database	RDS for MariaDB, RDS for SQL Server, RDS for MySQL, RDS for Oracle DB, RDS for Postgre SQL	Compose for MySQL, Compose for Postgre SQL	SQL Database, Azure Database for MySQL, Azure Database for PostgreSQL (Preview)
NoSQL – key/value storage, document storage	Dynamo DB and SimpleDB	Db2 on Cloud	Table Storage Azure Cosmos DB
Non-relational database	Amazon Neptune (Preview), Amazon EMR, Amazon Dynamo DB, Amazon SimpleDB	Compose for JanusGraph, IBM Open Platform, Cloudant	Azure HDInsight, Azure Batch, Cosmos DB
Database Migration	Database Migration Service	Lift	Azure Database Migration Service
Caching	ElastiCache	Compose for Redis	Azure Redis Cache
CONTENT DELIVERY AND NETWORKING			
Cloud virtual networking	Virtual Private Cloud (VPC)	VLANs	Virtual Network
Content delivery network	CloudFront	Content Delivery Network	Azure Content Delivery Network
Domain name system management	Route 53	DNS	Azure DNS, Traffic Manager
Cross – premise connectivity	AWS VPN Gateway	VPN	Azure VPN Gateway
Dedicated network	Direct Connect	Direct Link	ExpressRoute
Load balancing	Classic Load Balancer, Network Load Balancer, Application Load Balancer	Load Balancer	Load Balancer, Application Gateway

Kriterien	AWS	IBM Cloud	Microsoft Azure
	INTERNET OF THINGS		
IoT	AWS IoT	Internet of Things (IoT)	Azure IoT Hub
IoT Services	Kinesis, EMR, SNS, Machine Learning, Data Pipeline, QuickSight	IBM Push Notifications	Machine Learning, IoT Hub, Power BI, Stream Analytics, Notification Hubs
Streaming data	Kinesis Streams, Kinesis Firehose	Streaming Analytics	Event Hubs
Edge compute for IoT	AWS Greengrass	–	Azure IoT Edge
ANALYTICS AND BIG DATA			
Elastic data warehouse	Redshift	Db2 Warehouse on Cloud	SQL Data Warehouse
Data orchestration	Data Pipeline, AWS Glue	–	Data Factory, Data Catalog
Big data processing	Elastic MapReduce (EMR)	IBM Open Platform	HDInsight
Data discovery	Amazon Athena	–	Data Catalog, Azure Data Lake Analytics
Search	Elasticsearch, CloudSearch	Compose for Elasticsearch	Azure Search
Analytics	Kinesis Analytics	Streaming analytics	Stream Analytics, Data Lake Analytics, Data Lake Store
Visualization	QuickSight	–	PowerBI, PowerBI Embedded
Machine Learning	Machine Learning, SageMaker	Watson	Azure Machine Learning Studio, Azure Machine Learning Workbench

Kriterien	AWS	IBM Cloud	Microsoft Azure
INTELLIGENCE			
Visual Recognition	Amazon Rekognition	Visual Recognition	Computer Vision API, Face API, Emotions API, Video API
Virtual Personal Assistant	Alexa Skills Kits	Virtual Personal Assistant	Cortana Intelligence Suite – Cortana Integration, Microsoft Bot Framework + Azure Bot Service
Text to Speech	Amazon Polly, Amazon Translate, Amazon Transcribe	–	Bing Speech API
Speech recognition	Amazon Lex, Comprehend	Natural Language Classifier, Language Translator, Alchemy API	
IDENTITY, ACCESS AND SECURITY			
Firewall	Web Application Firewall	Firewalls	Application Gateway Web Application Firewall (in preview)
Authorization & Authentication	Identity and Access Management (IAM), Multi-Factor Authentication, AWS Organizations	Feature in webportal	Azure Active Directory, Multi-Factor Authentication, Azure Subscription and Service Management + Azure RBAC
Encryption	Amazon S3 Key Management Service for server-side encryption, Key Management Service, CloudHSM	Hardware Security Module, Key Protect	Azure Storage Service Encryption, Key Vault
Security	Inspector, Certificate Manager	SSL Certificates, Nessus Security Scanner	Security Center, App Service Certificates

Kriterien	AWS	IBM Cloud	Microsoft Azure
Compliance	AWS Artifact	–	Microsoft Service Trust Portal
Directory Services	AWS Directory Service + Windows Server Active Directory on AWS, Cognito, AWS Directory Service	–	Azure Directory Domain Services + Windows Server Active Directory on Azure IaaS, Azure Active Directory B2C
Information protection	–	–	Azure Information Protection
MONITORING AND MANAGEMENT			
DevOps (Deployment Orchestration)	OpsWorks (Chef-based), CloudFormation	–	Azure Automation, Azure Resource Manager, VM extensions, Azure Automation
Monitoring & Management (DevOps)	CloudWatch, CloudTrail, AWS X-Ray, AWS Usage and Billing Report, AWS Management Console	–	Azure portal, Azure Monitor, Azure Application Insights, Azure Billing API, Log Analytics
Cloud advisor	Trusted Advisor	–	Azure Advisor
Administration	AWS Application Discovery Service, Amazon EC2 Systems Manager, AWS Personal Health Dashboard, Third Party	–	Azure Log Analytics in Operations Management Suite; Microsoft Operations Management Suite – Automation and Control functionalities, Azure Resource Health, Azure Storage Explorer

Anhang

Kriterien	AWS	IBM Cloud	Microsoft Azure
DEVELOPER TOOLS			
Email	Simple Email Service (SES)	SendGrid	-
Workflow	Simple Workflow Service (SWF)	Business Rules	Logic Apps, Azure Automation
Scheduling	-	Workload Scheduler	Azure Scheduler
Media transcoding	Elastic Transcoder, Elemental MediaConvert, Elemental MediaLive	-	Media Services
Messaging	Simple Queue Service (SQS)	Compose for RabbitMQ	Azure Queue Storage, Service Bus Queues, Topics, Relays
API Management	API Gateway, Elastic Beanstalk, CodeDeploy, CodeCommit, CodePipeline, AWS Developer Tools	API Connect	API Management, Web Apps, API Apps, Cloud Services, Visual Studio Team Services, Azure Developer Tools, Power Apps
App testing	AWS Device Farm	-	Azure DevTest Labs (backend), Xamarin Test Cloud (frontend)
DevOps	AWS CodeBuild, AWS Cloud9, AWS Code Star, AWS CodeCommit, AWS CodePipeline, AWS CodeDeploy, AWS X-Ray	Active Deploy, Continuous Delivery, Delivery Pipeline, Globalization Pipeline, Track & Plan	Visual Studio Team Services
App customer payment service	Amazon Flexible Payment Service and Amazon Dev Pay	-	-
Game development (Cloud based tools)	GameLift, Lumberyard	-	Visual Studio
Predefined templates	AWS Quick Start	Lifecycle project templates	Azure Quickstart templates

64

Kriterien	AWS	IBM Cloud	Microsoft Azure
Backend process logic	AWS Step Functions	IBM Cloud Functions	Logic Apps
Programmatic access	Command Line Interface	–	Azure Command Line Interface (CLI), Azure PowerShell
ENTERPRISE INTEGRATION			
Content management in cloud	–	IBM FileNet	SharePoint Online
Enterprise app integration	–	IBM WebSphere	Logic Apps
Commercial PaaS – IaaS- DBaaS framework	–	IBM Cloud Private	Azure Stack
Enterprise application services	–	IBM offers Microsoft Consulting services for Dynamics 365, SharePoint and Office 365.	Dynamics 365